Tú dejas huella

Tú dejas huella

Cómo impactar a través
de tus habilidades sociales

Sandra Burgos

VERGARA

Papel certificado por el Forest Stewardship Council®

MIXTO
Papel procedente de
fuentes responsables
FSC
www.fsc.org   FSC® C117695

Penguin
Random House
Grupo Editorial

Primera edición: abril de 2022

© 2022, Sandra Burgos
© 2022, Penguin Random House Grupo Editorial, S. A. U.
Travessera de Gràcia, 47-49. 08021 Barcelona

Printed in Spain – Impreso en España

ISBN: 978-84-18620-61-4
Depósito legal: B-2.685-2022

Compuesto en Llibresimes, S. L.

Impreso en Romanyà Valls, S. A.
Capellades (Barcelona)

V E 2 0 6 1 4

ÍNDICE

*A mi abuelo José, que siempre tuvo
la habilidad natural para hacer sonreír;
y a Vera, quien, sin haberlo conocido,
desprende su mismo encanto*

INTRODUCCIÓN

Hubo un tiempo en que creía que el carisma era algo totalmente innato y que había quienes nacían con la fortuna de poseer una personalidad magnética y quienes, por el contrario, debían hacerse a la idea de brillar un poquito menos en contextos sociales. Sé que muchas personas tienen asumido que esto es así, y se resignan a la lotería que creen que les ha tocado, con la convicción de que poco o nada pueden hacer al respecto. Si este libro ha caído en tus manos, espero que al menos tengas la duda de si realmente está a tu alcance cambiar algo de todo esto. Déjame anticiparte lo que irás descubriendo (y comprobando en tu propia piel) a medida que avances en tu lectura: el carisma es una simple cuestión de estrategia donde tú mueves las piezas según tu objetivo en cada situación. Y me voy a asegurar de que sepas qué piezas mover y en qué dirección, porque tú ya tienes todo lo que necesita tener una persona carismática.

La ciencia tras el libro

Cuando era pequeña, me sentía como una especie de observadora del mundo y las personas. Veía que había quienes parecían desayunarse una buena taza de encanto natural por las mañanas y se pasaban el día desprendiendo ese encanto a su alrededor, casi sin poder evitarlo. Yo me preguntaba cómo funcionaba exactamente eso de ser fascinante. Si es que habían nacido con el gen del atractivo social y lo manifestaban sin esfuerzo o si, tal vez, estaban interpretando un papel.

Como buena Asperger (característica que no descubriría hasta un par de décadas más tarde), yo hacía mis pruebas. Tenía un variado repertorio de máscaras sociales e iba utilizando unas u otras dependiendo de con quién interactuara. Veía la televisión y me construía máscaras nuevas que emulaban el comportamiento de algún personaje interesante. Luego salía con mi máscara imaginaria y dejaba que ella adaptara mi comportamiento, mis palabras, mis gestos al personaje que interpretaba. ¡Una rarita en toda regla! Pero años de enmascaramiento me sirvieron para darme cuenta de algo fundamental: no es así como se hace. El desarrollo del carisma no consiste en fingir ser quien no eres. Puedes interpretar un papel y tal vez cuele durante un rato. Pero eso no es sostenible, porque antes o después acabas saliendo tú de detrás de esa máscara. Y tal vez tú también lo sepas, pero fingir es agotador.

Ante mi obvio hallazgo de que el enmascaramiento no convierte a nadie en quien no es, ya en mi adolescencia empecé a leer mucho al respecto del carisma y la persuasión. Leía ensayos, artículos científicos, informes de investigaciones sociales. Me obsesioné con el tema. Ya no era una cuestión personal ni una búsqueda de mejora individual. Necesitaba encontrar la fórmula. Necesitaba saber.

Pasaban los años y cuanto más leía, más apuntaban todas las flechas hacia determinadas competencias específicas de la inteligencia emocional. Todo iba tomando forma. Como tema para mi tesis doctoral escogí un ámbito que me permitiera seguir indagando en mi búsqueda. Investigué la relación entre determinadas variables psicológicas y el liderazgo emocional, tal y como lo había explicado Daniel Goleman en sus propias investigaciones sobre el papel de la inteligencia emocional en la competencia para influir y liderar a las personas. Seguí leyendo todo estudio que cayera en mis manos que diera un poco más de luz al enigma del carisma y el magnetismo social. Y poco a poco todo fue encajando en las mismas bases una y otra vez. La ecuación existía, y había equipos de investigación en universidades de todo el mundo llegando a conclusiones que la reforzaban.

Las claves del carisma son sólidas y están respaldadas por la ciencia. Pero ¿qué hacemos con ellas? ¿Se trata de algo que podamos aprovechar en nuestro día a día para mejorar nuestros resultados en la interacción con otras personas? ¿Nos ayudarán a conseguir nuestros objetivos de algún modo?

Para el desarrollo de todo el proceso de transformación que seguiremos a lo largo del libro, partiremos de resultados de estudios en el ámbito de la biología, la psicología, la antropología...; trabajaremos algunas de las competencias emocionales de mayor impacto propuestas por Daniel Goleman; haremos un recorrido por algunos de los elementos del carisma que el grupo Science of People propone en sus capacitaciones e incorporaremos enseñanzas del terreno profesional obtenidas directamente de expertos y expertas como Annie Maya o Brian Tracy.

El carisma es una competencia, y es entrenable

La inteligencia interpersonal es el conjunto de competencias que nos permiten comprender y gestionar nuestra relación con las personas, nuestro impacto en las personas y nuestra influencia sobre las personas. Y la buena noticia es que las competencias son cien por cien entrenables.

Te pongo en contexto. Una competencia, si la analizamos desde un punto de vista pedagógico, es la sinergia de conocimientos, habilidades y actitudes para la ejecución de una tarea determinada.

- Los conocimientos son la parte más fácil de trabajar de una competencia. Si yo consigo transmitírtelos de modo que los comprendas, poco a poco irá aumentando tu nivel de conocimiento sobre el tema.
- Las habilidades son un poco más complejas, pues requieren entrenamiento, práctica y ejecución insistente. Nada que no podamos conseguir, ¿verdad? Mi

tarea en esta parte de tu desarrollo será entregarte las herramientas de trabajo y mostrarte cómo utilizarlas. Y tú serás quien deba ponerlas en práctica una y otra vez hasta que logres emplearlas de forma intuitiva y casi automatizada. Esta parte del trabajo no es excesivamente compleja, salvo que falle el tercer elemento...

- Las actitudes. Aquí es donde corre peligro de tambalearse el desarrollo de competencias en cualquier ámbito. Tu actitud va a depender, fundamentalmente, de tu porqué, tu motivo para buscar un cambio. ¿Tienes un porqué lo suficientemente poderoso? En ese caso no vas a tener problema, porque te moverás por fuerzas imbatibles. Probablemente si tu mentalidad de partida es «sí... bueno... estaría bien ser un poco más carismático...», en cuanto empecemos el trabajo duro te echarás atrás, porque el beneficio no compensará el esfuerzo. En cambio, si tu mentalidad es algo como «voy a hacer todo lo posible y más para conseguir ascender en la empresa», o «estoy decidida a ser una persona con seguridad y que consigue lo que se propone», o «nada me va a impedir evolucionar socialmente y tener el impacto que quiero en las personas»... En ese caso, realmente vas a conseguir lo que te propongas. Depende de ti. Yo te echaré una mano con alguna que otra dosis de condicionamiento psicológico para mantener tu motivación, pero serás tú quien deba encontrar tu porqué.

Me gustaría proponerte que asumas el entusiasmo como emoción por defecto. El entusiasmo es la emoción ideal durante cualquier aprendizaje y hace que todo el proceso fluya de forma más divertida y enriquecedora. ¿Sabes autoentusiasmarte? Según la Programación Neuro-Lingüística, la relación entre el comportamiento corporal y las emociones es bidireccional. Esto significa que el modo en que te sientes se refleja en tu cuerpo (tu postura corporal, tu expresión facial, tus gestos...), pero esto ya lo sabías. Lo verdaderamente sorprendente es que esta relación también funciona a la inversa. Tu postura corporal, tu expresión facial, tus gestos... tienen un impacto poderoso en tus emociones. Puedes hacer la prueba si quieres: camina despacio, arrastrando un poco los pies, con los hombros encorvados, la cabeza agachada, los extremos de los labios curvados hacia abajo. De forma casi instantánea sentirás cómo tu estado anímico se oscurece. Es muy complicado sentirse feliz representando un lenguaje corporal así.

Utiliza esto en tu beneficio para conseguir entusiasmarte durante todo el proceso de desarrollo de tu carisma y tu magnetismo social. Abre bien los ojos, sonríe, llena los pulmones de aire al respirar. Y desde ese estado emocional bañado de entusiasmo conseguirás lo que te propongas.

¿Es esto para ti?

Este libro está dirigido a personas que desean tener un impacto memorable en sus relaciones con otros. Busca la optimización de la inteligencia interpersonal a través de un emocionante recorrido por los diferentes componentes del carisma y la persuasión.

Es para personas que siempre han sentido que muchas cosas en su vida irían mejor si consiguiesen tener más éxito en sus relaciones con los demás —y esto es una realidad respaldada por la ciencia, por cierto—. Es también para quienes sienten que ya poseen un nivel considerable de carisma y atractivo social, pero saben que podrían mejorar en cuanto a impacto; en cuanto al efecto que tienen en otras personas; en definitiva, en cuanto a influencia.

Tanto si eres una mariposa social a quien le encanta revolotear interactuando con todo el mundo como si tiendes más a la introversión y recurres a las relaciones sociales de forma más dosificada y, tal vez, más instrumental, vas a encontrar beneficios sorprendentes en muchos ámbitos de tu vida, en cuanto empieces a trabajar tu inteligencia interpersonal.

El proceso de principio a fin

La lectura de este libro será un proceso de aprendizaje en la medida en que lo implementes en tu vida, ya lo hemos hablado. Y esa deberá ser tu premisa desde el momento en que comiences a leer el primer capítulo: implementarlo todo. Pero ¿en qué va a consistir el proceso? ¿Por qué fases iremos avanzando?

Partiendo del objetivo personal que nos lleva a querer

impactar de un determinado modo en las personas a nuestro alrededor, iremos puliendo paso a paso todo un repertorio de técnicas y herramientas interpersonales que nos permitirán configurar, en cada situación, el efecto que tenemos en otras personas.

Comenzaremos comprendiendo el funcionamiento exacto del carisma y las dos variables determinantes a la hora de modular nuestro estilo carismático en los diferentes contextos de la vida (el ámbito profesional, las amistades, el liderazgo, las relaciones casuales o incluso el amor y la seducción).

Nos adentraremos en el apasionante territorio del condicionamiento psicológico y conoceremos el gran potencial de impacto inconsciente que nos permite manejar.

Comprenderemos la química del carisma, la conexión interpersonal y la implicación. Plantearemos una representación clarificadora sobre nuestra capacidad para generar interés en la persona que tenemos delante.

Analizaremos también los componentes relacionales decisivos a la hora de generar confianza y derribar las barreras emocionales que, a menudo, nuestro subconsciente construye en un intento de protegernos.

Finalmente, todo lo anterior tomará forma en una estrategia personal enfocada en la potenciación del magnetismo y atractivo social.

Qué puedes esperar

Tómate este libro como si fuera un programa de entrenamiento, porque te va a ayudar a transformar completamente el impacto que tienes en las personas. Vamos a entrenar específicamente las habilidades interpersonales más poderosas a la hora de transmitir carisma, credibilidad y confianza. Vamos a poner la psicología de la comunicación verbal y no verbal al servicio de tus objetivos, de modo que espero que hayas entrado ya en tu estado emocional de entusiasmo, porque tenemos por delante un proceso verdaderamente transformador.

Tal vez te apetezca leerte el libro de un tirón y, si es así, hazlo. Te ayudará a hacerte una idea general de todo el proceso. Sin embargo, mi recomendación es que avances por el libro solo cuando ya hayas aplicado lo anterior. La implementación es la parte más importante del aprendizaje que comienzas hoy, y ya sabes, si te la saltas estarás adquiriendo conocimientos, pero no estarás entrenando competencias, pues faltará el elemento clave: las habilidades. Entiendo que ya te has sumergido en tu baño de entusiasmo y has identificado tu porqué, de modo que las actitudes están cubiertas por ese lado.

Todas las personas, introvertidas o extrovertidas, espontáneas o estructuradas, disponemos del potencial para desarrollar una personalidad magnética y fascinante. En este libro se entrega una selección cuidada de poderosas dosis de conocimiento aplicable. Conocimiento basado en los estudios sociales más sorprendentes y reveladores; presentado de forma accesible y planteado desde un enfoque práctico y trasladable a tu realidad personal desde el primer capítulo.

Un proceso desafiante

Irás descubriendo que este libro está lleno de desafíos. Y te puedo decir, sin lugar a dudas, que es precisamente en los desafíos donde vas a tener resultados. Los desafíos no son un juego, no son la parte lúdica de la lectura. Los desafíos son la parte dura del trabajo. Aun así, los vas a disfrutar muchísimo.

Tal vez ya sabes que las personas vivimos en un círculo imaginario al que llamamos «zona de confort». Dentro de ese círculo está todo lo que sabemos, lo que sabemos hacer, lo que se nos da bien, lo que nos hace sentir seguros. Se vive muy bien ahí dentro, es agradable, porque es cómodo.

Sin embargo, ese círculo está rodeado de un espacio infinito e infinitamente más emocionante: lo que conocemos como «zona de crecimiento». Y ahí están todas las puertas que se te podrían abrir si salieses de tu zona de confort. Está todo lo que todavía no sabes, las habilidades que aún no posees, el impacto que todavía no sabes generar. Pero ¿qué ocurre? Que adentrarse en esa zona suele requerir dos cosas: esfuerzo y valentía.

Tú estás dando un paso importante al decidir pasar por este proceso de mejora. Y no me cabe la más mínima duda de que no le tienes miedo a la zona de crecimiento que rodea tu zona de confort. Porque tú sabes que quieres más y que puedes más. Y lo vas a conseguir. Paso a paso.

Vamos a empezar a trabajar. Te recomiendo que reserves un tiempo específico para dedicarlo a esto. Decide qué día o días de la semana vas a volver aquí, a tu libro. Y cuando estés aquí, enfócate al cien por cien en el nuevo capítulo que estés leyendo.

El resto de la semana será tiempo de práctica de la nueva destreza de impacto interpersonal que hayas conocido. Tendrás desafíos que completar y toda una variedad de situaciones cotidianas para implementar lo que hemos estado tratando aquí. Aprovéchalas todas para aplicar y practicar. Cada conversación, cada reunión de trabajo, cada encuentro informal. Todas tus interacciones sociales son oportunidades valiosísimas para perfeccionar tus destrezas de impacto.

Yo pondré todo de mi parte para entregarte el concentrado más potente de habilidades interpersonales de impacto que te van a ayudar a conseguir tus objetivos. Y para ti te dejo la parte más divertida: impactar.

Empecemos a trabajar.

1

OBJETIVO: ¿QUÉ IMPACTO QUIERES TENER EN OTRAS PERSONAS?

En cualquier proceso de cambio hay tres elementos que juegan un papel fundamental, y definirlos muy bien desde el principio es la clave para tener éxito en esa transformación: el punto de partida, o situación actual; el punto de llegada, u objetivo, y el espacio que hay entre ambos, es decir, la diferencia que existe entre lo que somos y lo que queremos llegar a ser y donde, por lo tanto, hay que actuar.

En este primer capítulo vamos a enfocarnos en definir estos elementos y así dejar todo listo para comenzar con la transformación.

Si has decidido seguir mi consejo de leer y aplicar semanalmente lo que irás aprendiendo a lo largo de tu lectura, esta es tu primera semana de transformación. Se trata de una semana muy importante, porque estaremos asentando bases fundamentales para el desarrollo de tu carisma en fases posteriores. Voy a asegurarme de que establezcamos un contexto de trabajo poderoso que te ayude a mantener tu entusiasmo vibrante hasta el final. Entremos en materia.

Tu cociente de inteligencia social es decisivo... y modificable

Te he mencionado ya muy brevemente qué es la inteligencia social. Vamos a verla un poco más en detalle, porque es la clave de todo lo que está por venir en este proceso; pero empecemos por el principio.

Un concepto del que seguro que has oído hablar más de una vez es el «cociente intelectual». Este concepto se empezó a desarrollar entre finales del siglo XIX y principios del siglo XX, aunque por aquel entonces se conocía como «coeficiente intelectual». Fue formulado por psicólogos como Alfred Binet o William Stern, y lo que se trataba de conseguir con este cálculo era estimar cómo de inteligentes eran las personas. Para ponerte un poco en contexto a la hora de interpretar cocientes intelectuales, la puntuación 100 es la media. Toda persona cuyo cociente intelectual esté por debajo de 100, está por debajo de la media, y quienes puntúan por encima de 100, están por encima de la media. Según este cociente, si tú puntúas 85 en un test de inteligencia, eres un poquito menos inteligente que la media, pero tu inteligencia se sigue considerando «normal»; si puntúas 130, eres mucho más inteligente que la media.

Llegado este punto, la pregunta lógica es: ¿Qué es la

inteligencia? Por ponerte un ejemplo entre miles, el *Journal of Cognitive Science* publicó un artículo analizando en profundidad el concepto de inteligencia en base a las definiciones que se habían ido proponiendo a lo largo de los años. ¿Sabes cuál fue la conclusión de este artículo? Que la inteligencia es la habilidad para desarrollar y gestionar patrones de relación cada vez más amplios y complejos. En otras palabras, la conclusión fue que la inteligencia es poco más que la capacidad lógica y analítica.

Todavía se utiliza, aunque en mucha menor medida, el cociente intelectual en la actualidad, en determinados contextos. Su cálculo consiste en la realización de una serie de pruebas de destreza analítica, razonamiento lógico, habilidad para relacionar elementos y capacidad para almacenar y recuperar información, entre otras.

Durante años se le dio mucha importancia a este cociente desde la psicología, porque permitía clasificar a las personas en función de lo inteligentes que eran.

Sin embargo, aproximadamente un siglo más tarde, el psicólogo Daniel Goleman popularizó un concepto diferente que ya había mencionado unos años antes Michael Beldoch: el de la inteligencia emocional, que derivó en lo que empezó a llamarse, por contraposición, «cociente emocional».

¿Por qué necesitábamos un nuevo cociente o una nueva medida para la inteligencia? Porque se habían detectado incongruencias notables en las bases del cociente intelectual. Se veían numerosos casos de personas con un alto cociente intelectual que, en cambio, no eran exitosas. O personas con un cociente intelectual normal (dentro de la media) que alcanzaban grandes objetivos y reconocimientos. Y lo esperable para los precursores del cociente intelectual era que este cociente se materializara en mejores puestos de trabajo, mejores salarios, mejor consecución de objetivos personales... ¿De qué nos sirve que un test nos diga que somos muy inteligentes si, a la hora de la verdad, fracasamos en la realización de nuestros sueños y no somos capaces de construir una vida que nos haga felices? ¿Es realmente inteligente alguien incapaz de hacerse feliz a sí mismo o de alcanzar los objetivos que se marca? ¿Tiene sentido medir la inteligencia de una persona por su capacidad matemática o memorística en lugar de otros factores con un mayor impacto real?

Nuevos estudios estuvieron de acuerdo en que la inteligencia emocional tenía un peso mucho mayor que el cociente intelectual en la consecución de objetivos, y este era un hallazgo poderoso.

Pero ¿qué es esto de la inteligencia emocional? Si nunca has oído hablar de ella, tal vez de forma intuitiva puedas hacerte una idea de a qué se refiere, pero lo cierto es que abarca más de lo que tendemos a creer, pues su impacto en nuestras habilidades y resultados es amplísimo. La inteligencia emocional es todo un repertorio de competencias enfocadas, por un lado, en el conocimiento y gestión de uno mismo (o inteligencia intrapersonal) y, por otro lado, en el conocimiento y gestión de otros (o inteligencia interpersonal o social).

Esta clasificación de competencias emocionales propuesta en 2012 por los investigadores Daniel Goleman,

Richard Boyatzis y Anne McKee se basa en hallazgos científicos en el campo de la neurología de las emociones. Se habla de diecinueve competencias emocionales en total.

LAS COMPETENCIAS INTRAPERSONALES (INTELIGENCIA INTRAPERSONAL)

Cuando tú consigues mantener la calma ante una situación tensa; cuando superas una pérdida; cuando eres consciente de que lo que sientes al ver el coche de tu vecino es envidia o cuando tomas decisiones que, aun implicando un sacrificio, te van a proporcionar una mayor felicidad con tu vida... estás haciendo uso de tu inteligencia intrapersonal.

Vamos a hacer un repaso rápido por las nueve competencias de carácter intrapersonal, es decir, aquellas que se ponen en práctica en nuestra relación con nosotros mismos. Comenzamos por las tres competencias relativas a la conciencia de uno mismo.

- Conciencia emocional de uno mismo: Es la habilidad para reconocer el modo en que los propios sentimientos nos afectan e influyen en nuestro comportamiento. Cuando posees un buen nivel de autoconciencia emocional, eres capaz de reconocer el efecto que tus sentimientos tienen sobre ti mismo y sobre tus resultados, tomas decisiones teniendo en cuenta tus propios valores y muestras franqueza a la hora de hablar de tus emociones y tus principios.

- Valoración adecuada de uno mismo: Es la capacidad para reconocer las propias fortalezas y debilidades y de reírse de uno mismo. También conocida como «autoevaluación certera», esta competencia favorece que seas consciente de tus propias fortalezas y debilidades, sepas reírte de ti mismo y aceptes las críticas constructivas como oportunidades para crecer.
- Confianza en uno mismo: Esta competencia hace referencia a la posibilidad de la persona de apoyarse en sus fortalezas debido al conocimiento de las mismas. Quienes confían en sí mismas son personas que suelen tener una contundente sensación de presencia y de seguridad que les ayuda a destacar en un grupo. Esta competencia te permite asumir objetivos difíciles con ilusión y confianza.

Las siguientes seis competencias de carácter intrapersonal se refieren a la autogestión. Son las siguientes:

- Autocontrol: Se trata de la aptitud para gestionar y encauzar de forma adecuada las propias emociones e impulsos. Esta competencia proporciona la serenidad y lucidez necesarias para afrontar una situación estresante y permite permanecer imperturbable ante situaciones verdaderamente críticas. El autocontrol emocional te permite gestionar tus propios sentimientos e impulsos y canalizarlos, favoreciendo así la imperturbabilidad en las situaciones más estresantes.

- Transparencia: Entendemos la transparencia como la expresión sincera de los propios sentimientos, creencias y acciones, lo que posibilita la integridad laboral y personal. Cuando manifiestas una buena transparencia, no tienes dificultades en admitir abiertamente tus errores y no pasas por alto la conducta poco ética, sino que te enfrentas a ella. Se podría explicar como la fidelidad a los propios valores.

- Adaptabilidad: Las personas con esta competencia bien desarrollada son capaces de hacer frente a muy diferentes situaciones, manteniendo la concentración y la energía y sintiéndose a gusto ante la ambigüedad inevitable del mundo laboral. Si eres adaptable, eres lo suficientemente flexible como para afrontar los nuevos retos, te adaptas rápidamente a los cambios y no tienes problemas en cambiar de opinión cuando así lo exigen los nuevos datos o realidades; te adaptas con soltura a nuevas realidades e imprevistos.

- Logro: Esta cualidad permite a las personas marcarse objetivos difíciles y cuantificables y calcular los riesgos para asegurarse de que sus objetivos son alcanzables. Cuando posees un buen nivel en este tipo de competencia, tienes elevadas ambiciones personales que te impulsan continuamente a mejorar tú mismo y a buscar el modo de que otras personas (por ejemplo, los miembros de tu equipo) también puedan hacerlo. Esta competencia también se conoce como «capacidad de consecución».

- Iniciativa: La iniciativa implica no esperar a que las oportunidades se presenten, sino aprovecharlas allá donde estén o crearlas. Cuando tienes buena iniciativa no dudas en dejar de lado la burocracia o las reglas cuando lo consideras necesario para mejorar las posibilidades futuras.
- Optimismo: Es la habilidad para afrontar las circunstancias adversas, percibiéndolas como una oportunidad o como un contratiempo en lugar de ver en ellas una amenaza. Cuando eres una persona optimista, contemplas los aspectos positivos de los demás y, en consecuencia, esperas lo mejor de ellos.

Las competencias interpersonales (inteligencia social o interpersonal)

Cuando tú consigues comunicarte de forma clara durante una negociación; cuando consuelas a una amiga; cuando eres consciente de que, aunque te diga lo contrario, tu compañero no se alegra por tu ascenso o cuando motivas a tu hermano para que luche por sus sueños... estás haciendo uso de tu inteligencia interpersonal.

Las competencias interpersonales son aquellas que se ponen en práctica en nuestra relación con otras personas. Comenzamos por las tres que afectan al conocimiento de otros, es decir, lo que Goleman, Boyatzis y McKee llaman «conciencia social».

- Empatía: La empatía consiste en la capacidad para ponerte en el lugar de la otra persona, de experimentar las emociones que está experimentando otra persona o grupo. Si eres una persona empática, sabes escuchar con atención y comprender la perspectiva de los demás. La empatía permite detectar lo que las personas sienten pero no dicen, y esto facilita la comprensión profunda de los demás.
- Conciencia organizativa: Se trata de la aptitud para comprender las redes sociales y relaciones de poder existentes en una organización. Cuando tienes una buena conciencia organizativa, sabes comprender las fuerzas que operan en el interior de una organización, así como las reglas no explícitas que determinan las relaciones entre sus integrantes y los valores que les guían.
- Servicio: Es la capacidad para lograr la satisfacción de otras personas y proporcionar ayuda cuando es necesaria. Se trata de generar el clima emocional adecuado para establecer una buena relación con otra persona.

Y, finalmente, vamos a echar un vistazo rápido a las siete competencias interpersonales que tienen que ver con la gestión de las relaciones y que son, probablemente, las que más te interesen, por su potencial de impacto:

- Inspiración: La inspiración es la habilidad para generar resonancia en otras personas y en equipos de trabajo. La capacidad para motivar y movilizar a las personas hacia un objetivo compartido. Si tú, por ejemplo, ejerces un liderazgo inspirado (ya hablaremos de estilos de liderazgo más adelante), sabes articular una sensación de objetivo común más allá de las tareas cotidianas, convirtiendo, de ese modo, el trabajo en algo realmente estimulante.

- Influencia: Goleman afirma que los indicadores del poder de influencia de una persona van desde la capacidad de adaptarse a cada interlocutor hasta saber rodearse de las personas y la red de apoyo clave para llevar a la práctica una determinada iniciativa. Cuando posees una buena competencia para la influencia, eres más hábil a la hora de convencer y seducir a personas y equipos.

- Desarrollo personal de los demás: Se trata de la cualidad de mostrar interés por las personas y comprender sus objetivos, sus fortalezas y sus debilidades. Cuando tú posees esta cualidad, sabes dar un feedback oportuno y constructivo y eres un excelente mentor y coach natural.

- Catalizar el cambio: Esta competencia implica el reconocimiento de la necesidad de cambio, la implementación del cambio necesario y la superación de las barreras que obstaculizan ese cambio. Si eres competente a la hora de catalizar el cambio, eres también excelente en el arte de la convicción, incluso en equipos y con personas con una gran aversión al cambio.

- Gestión de los conflictos: Las personas con una buena competencia en la gestión de conflictos son capaces de sacar partido de todas las situaciones, comprenden los diferentes puntos de vista y saben el modo de articular un ideal común que todos puedan suscribir.

- Establecer vínculos: Se trata de la habilidad de una persona para conectar entre sí a las personas adecuadas. En el contexto laboral, es capaz de generar sentimiento de grupo en su equipo y de crear compromiso con la organización.

- Trabajo en equipo y colaboración: Esta competencia consiste en crear una atmósfera de colaboración y cooperación cordial y amistosa, de respeto y logro conjunto. Si tú manifiestas un buen nivel de esta competencia, eres capaz de invertir tiempo en el establecimiento y consolidación de relaciones que van más allá de las meras obligaciones laborales.

A raíz de las teorías acerca de la inteligencia por parte de psicólogos como Howard Gardner (que dividía la inteligencia en ocho sectores diferenciados) o Daniel Goleman (que, como acabamos de repasar, popularizó la inteligencia emocional en sus vertientes intra e interpersonal) se empezó a analizar cada tipo de inteligencia por separado. Y lo que se encontró fue que la inteligencia social, es decir, la competencia para interpretar y gestionar a las personas, tenía un peso significativo a la hora de construir una vida exitosa en cuanto a relaciones personales, vida profesional e incluso economía.

Te dejaré al final del libro un listado de recursos complementarios (libros y artículos) acerca de la inteligencia social, por si te apetece echar un vistazo y profundizar sobre el tema. En ese listado encontrarás estudios y recursos muy interesantes en relación con todos los capítulos del libro; te recomiendo que lo revises.

Si echas un vistazo a los de este capítulo, vas a ver resultados de investigaciones de los que se infiere que, entrenando las competencias sociales, podemos tener una transferencia directa del impacto al terreno profesional en formato de ascensos, incremento de ingresos y, por supuesto, también al terreno social de innumerables modos. Richard Boyatzis y su equipo de investigación obtuvieron resultados que indicaban incluso que el nivel de inteligencia social permite predecir aspectos de nuestra vida como lo efectivos que seremos como líderes, la adecuación para puestos de trabajo o la satisfacción con la vida. Imagínate todo lo que puedes conseguir trabajando específicamente esas competencias.

No sé a ti, pero a mí me da mucha rabia cuando veo a personas inteligentes y comprometidas darlo todo y no conseguir sus objetivos. Y es que realmente lo que les suele faltar es un ingrediente trabajable y desarrollable para llegar a aprovechar todo su potencial y brillar.

Me ha parecido importante explicarte todo esto para que puedas entender por qué nos vamos a enfocar en lo que nos vamos a enfocar. Yo no quiero que pierdas el tiempo, por eso, en este libro, tu entrenamiento de impacto va a apuntar directamente a las competencias sociales más poderosas y con mayor potencial de retorno en tu nivel de éxito.

¿Sabes qué? Eres una persona única. Tienes talentos, cualidades e ideas fantásticas que te podrían proporcionar éxitos mayores que los que ahora están en tu lista de aspiraciones. Eso seguro. Por esta razón es vital que adquieras las competencias que te permitan hacer brillar tus cualidades, comunicarlas, compartirlas y extraer de ellas todo su potencial.

Desafío: Tus dificultades actuales

Ahora quiero pedirte que dediques un momento a reflexionar acerca de tus dificultades actuales concretas en cuanto al impacto que tienes en otras personas. Esto es muy importante porque vamos a enfocar todo el proceso en los objetivos específicos que tú te marques.

Pero de momento vamos a lanzar ideas al aire. Yo te voy a dar algunos ejemplos de dificultades que habitualmente tienen las personas en relación con su impacto interpersonal y quiero que tomes nota de todas las que sientas que describen tu estado actual.

Este es tu primer ejercicio, de modo que si tienes una libreta en blanco que vayas a dedicar al trabajo de tu impacto interpersonal, puedes estrenarla con esta tarea. También estará bien si utilizas hojas de papel sueltas, pero trata de mantener tu trabajo en un mismo lugar y de forma ordenada, pues habrá momentos de este proceso en que necesites recuperar algún ejercicio previo para poder avanzar y será mucho más fácil si hay una estructura en tus anotaciones y tareas de desarrollo. Ten tu libreta o tu hoja de papel y empieza a escribir tus dificultades de impacto interpersonal. Si entre los ejemplos que verás a continuación sientes que alguno de ellos te define y te representa de algún modo, añádelo retocando o cambiando lo que necesites. Vamos allá.

Ejemplos de dificultades:

- Se me da mal hablar ante audiencias o grupos numerosos.
- No soy capaz de compartir mis ideas con confianza y seguridad.
- Me bloqueo incluso en un pequeño grupo y tiendo a no participar en la conversación.
- No consigo dejar huella en las personas cuando me conocen y acaban olvidando mi nombre o incluso mi cara.
- Siento que a menudo soy menospreciado por otros cuando estoy hablando: no prestan atención a lo que digo, me interrumpen, hacen como si no hubiese dicho nada...
- No sé cómo liderar a un equipo de personas para que me reconozcan y respeten como líder.
- No logro construir una reputación positiva y memorable.
- Me resulta difícil hacer amistades y conectar con personas nuevas.

- No tengo la habilidad para dar conferencias y discursos que inspiren a las personas.
- No me atrevo a pedir un ascenso o un aumento de salario.
- Siento que no soy respetado, escuchado ni tomado en serio.
- No soy capaz de influir en otros de forma positiva e inspiradora.
- Me cuesta conectar con las personas.
- Mis habilidades comunicativas a nivel comercial son pobres y no logro cerrar ventas.
- Me resulta complicado llegar a acuerdos o puntos comunes en los debates y discusiones.

Los que acabas de leer son solo algunos ejemplos de dificultades. Es importante que escribas en tu listado las que se corresponden contigo, en lugar de simplemente subrayarlas o marcarlas en el libro. Escríbelas con tu puño y letra. ¿Por qué? Porque es lo más parecido a decirlas en voz alta. En el momento en que manifiestas tu dificultad explícitamente, duele un poquito. A veces duele mucho. Y no es que yo quiera hacerte daño, sino que esa pizca de dolor que sientes cuando escribes en tu papel «no soy respetado»..., esa pizca de dolor es poderosa, porque es tu razón, tu motivo. Ese dolor es el que te va a impulsar en tu transformación.

¡Estupendo! Pues si ya has tomado nota de las dificultades que te describían en los ejemplos que te he dado, ahora es el momento de que añadas todas las que también te describan, pero que yo no he incluido entre los ejemplos. Quiero que busques dificultades que estén derivadas de tus destrezas interpersonales o que estén relacionadas con el impacto que tienes en otras personas.

Seguro que tienes muy claro cuáles son tus dificultades. Aun así, dedícale un buen rato a este ejercicio, porque si trabajamos muy bien estos pasos previos, el entrenamiento va a ser mucho más potente, ya que vas a saber exactamente hacia dónde quieres llevarlo y qué quieres conseguir.

Si te apetece, puedes incluso pedir retroalimentación a alguna persona de tu entorno cercano. Probablemente si le pides ideas a un hermano, una amiga o un colega del trabajo con quien tienes confianza, sepan aportar alguna inseguridad que ven en ti de la que ni siquiera tú eras consciente.

Recuerdo a Begoña, una compañera de la facultad con quien compartí años de estrés estudiantil. Antes de cada exposición oral, temblaba. Durante las exposiciones hablaba como si de un robot a cámara rápida se tratara, sus ojos parecía que estaban a punto de salírsele de las órbitas y retorcía frenéticamente con las manos un churro de papel enroscado que en algún momento habían sido folios repletos de notas. Y al terminar la exposición no tenía la más remota idea de cómo había ido la actividad. Se encerraba en su discurso memorizado de tal modo que dejaba de ser consciente de dónde estaba, de qué ocurría a su alrededor o de que había otros seres humanos en el aula. Llegó el primer año de carrera con este modo de enfrentarse a las comunicaciones en público y exactamente igual es como dejó la facultad el último año de carrera. A día hoy (que ya han pasado varios años) tiene un trabajo de ordenador en una oficina donde solo está ella y su interacción con otros miembros de la empresa se limita a cubrir formularios de incidencias y dejarlos sobre la mesa. Había escogido la educación social como carrera porque le apasionaba la idea de ayudar a las personas. Y habría sido una educadora social maravillosa, porque es una persona empática, comprensiva, implicada y muy luchadora. Sin embargo, la interacción social siempre le supuso un reto que, desde su punto de vista, era insuperable, y escogió poner su sueño en espera.

¿Hay algún sueño que tú también estés poniendo en espera, o al que incluso ya hayas renunciado, por inseguridades o dificultades en materia de relaciones interpersonales? Reflexiona bien sobre esto y completa tu listado. Finalmente, cuando hayas terminado, quiero que leas bien todo tu listado de dificultades, tanto las propuestas por mí como las que has añadido tú, y que priorices. ¿Cuáles son las tres dificultades que más te duelen o que más te limitan de todo tu listado? Es decir, si tuvieras que decidir, de todas las dificultades, ¿cuáles son las que querrías dejar de experimentar con mayor urgencia?, ¿qué tres escogerías?

Dibuja casillas de verificación junto a los elementos de tu listado (pequeños recuadros de cuestionario que podrás marcar o dejar en blanco según proceda). Una vez tengas identificadas tus tres mayores dificultades, lo único que tienes que hacer es marcar sus casillas con una X, una V o como tú prefieras. Reflexiona bien tu elección y continuamos.

Desafío: Identifica tus valores innegociables

Quienes alguna vez se han formado conmigo saben que siempre me gusta empezar por aquí, por los valores innegociables. Tener claros tus valores innegociables y, por lo tanto, tu identidad personal, es muy importante, pues ella será la que dará dirección, propósito y significado a tu vida. Y ya sé que esto puede sonar muy amplio, pero lo interesante es que, cuando tienes clara la dirección de tu vida, tienes clara la dirección de cada una de las decisiones que tengas que tomar en tu día a día.

Te pongo mi ejemplo personal. Tras analizar mis valores (y tras revisarlos periódicamente sin ver cambios), puedo decir que mis tres valores innegociables son el amor, la tranquilidad y la libertad. ¿Cómo afecta saber esto a mi toma de decisiones cotidianas? Pues afecta de forma determinante.

Cuando tuve que decidir entre enfocarme en hacer carrera docente en la universidad (esto implica dedicar muchas horas de vida a investigar y publicar para mejorar el currículum y así ir avanzando en la escala de categorías) o trabajar para mí en mi propio proyecto, opté por lo segundo. ¿Por qué?

- Por amor: Yo veía cuánto tiempo dedicaban la mayoría de los miembros del profesorado universitario a trabajar y comprendí que con ese horario no encajaba el estar con mi bebecita todo el tiempo que quisiera. Trabajando para mí yo iba a decidir en quién invertir cada segundo de vida. Decisión tomada.

- Por libertad: Cuando tienes un empleo, debes cumplir con las obligaciones que tu empleador te asigna. Debes trabajar el número de horas que otras personas deciden, en el horario que otras personas deciden, haciendo lo que otras personas deciden y como esas personas deciden. Trabajando para mí, sabía que trabajaría cuanto y cuando yo decidiera, en lo que yo decidiera y como yo decidiera. Es bastante clara la decisión, ¿verdad?

¿Sabes cuántas veces tuve que oír a personas diciéndome «es que la vida adulta es así, hay responsabilidades, no puedes hacer lo que quieras»? Pues demasiadas, pero me dio igual. Yo sabía cuáles eran mis valores innegociables. Y lo innegociable no se negocia.

Cuando ya estaba creando mi propio negocio, tuve que tomar una infinidad de decisiones para diseñar cómo sería mi forma de trabajar. Y entre esas decisiones me encontré con oportunidades y propuestas de colaboración que, aunque eran muy interesantes (y algunas muy lucrativas), rechacé.

- Por tranquilidad rechacé toda oportunidad que implicaba trabajar bajo presión, con prisas o de formas que me resultaran incómodas. Y esto es algo muy personal; lo incómodo para mí podría ser ideal para ti. Por ejemplo, mi Asperger interior necesita momentos de trabajo en soledad para rendir de forma enfocada y así es como son muchas de mis jornadas laborales: mi ordenador y yo.

- Por libertad rechacé toda línea de negocio que implicara comprometer mi tiempo. Por ejemplo, recibía solicitudes de procesos de coaching con frecuencia por parte de personas que veían mis vídeos en YouTube, pero aceptar un proceso de coaching implica fijar sesiones de trabajo en un horario determinado. Eso me restaría libertad para decidir qué hacer con mi tiempo en cada momento.
- Por amor rechacé propuestas de colaboración muy lucrativas, pero en las que yo no creía. Si había personas que confiaban en mí lo suficiente para pagar por mis productos y servicios, lo último que yo querría es traicionar esa relación de confianza vendiéndoles algo que no me parecía correcto.

¿Y qué queda cuando rechazas todo lo que vulnera tus valores innegociables? Una vida feliz. Una vida perfecta para ti, porque está diseñada a tu medida.

Pero no vayas a pensar que es fácil vivir de acuerdo a tus valores innegociables. Desafortunadamente, lo fácil suele ser renunciar a ellos y vivir como vaya surgiendo. Para mí habría sido mucho más fácil (y mucho más rápido) buscarme un empleo que construir un negocio y hacerlo crecer hasta que fuera rentable. Habría sido más fácil ganar dinero vendiendo mi tiempo que dejarme la piel en crear fuentes de ingresos pasivos para vivir libre. Y, sin duda, habría sido más fácil seguir los pasos de alguna otra persona en lugar de configurar todo mi negocio y mi vida de forma adaptada a mis valores innegociables. Pero ¿habría sido mejor? Jamás podría haber sido mejor, porque nada de eso era para mí. Mi moraleja para ti: siempre vale la pena ir por el camino coherente con tus valores innegociables, así sea el camino largo y difícil.

Vamos entonces a identificar tus valores innegociables.

SELECCIONA TUS VALORES EN LA VIDA

A continuación puedes ver un cuadro de valores donde están incluidos algunos de los valores más habituales. En este primer paso del ejercicio escribe en tu libreta, de entre todos los valores del cuadro, aquellos con los que te identificas. No es momento de priorizar. Simplemente elige todos los que se correspondan contigo en mayor o en menor medida.

AÑADE TUS PROPIOS VALORES

El siguiente paso del ejercicio es sencillo. Simplemente echa un vistazo al listado que has escrito en tu trozo de papel y añade todos aquellos valores que sean importantes para ti, pero que no estuvieran incluidos en el cuadro. Puede que quieras añadir cien valores más, o puede que no haya ninguno. Pero no te saltes este paso sin dedicarle unos minutos, porque seguro que hay valores tuyos que yo no he incluido en el cuadro. Por ejemplo, no he incluido la salud, y es probable que sea un valor importante para ti.

CUADRO DE VALORES

Logros	Mejora y ascenso profesional	Aventura	Afecto, amor, cariño	Arte
Retos	Cambio y variedad	Relaciones estrechas	Comunidad	Capacidad
Competición	Cooperación	Creatividad	Decisión	Democracia
Conciencia ecológica	Seguridad económica	Eficacia	Eficiencia	Tranquilidad
Prácticas éticas	Excelencia	Emoción	Fama	Familia
Ganancia económica	Amistades	Crecimiento	Ayudar a otros	Lealtad
Independencia	Influir en otras personas	Armonía interior	Innovación	Integridad
Estatus intelectual	Conocimiento	Liderazgo	Posición	Franqueza
Trabajo significativo	Mérito	Dinero	Naturaleza	Placer
Honradez	Orden	Desarrollo personal	Retos físicos	Trabajo de calidad
Poder y autoridad	Intimidad	Servicio público	Pureza	Reputación
Relaciones de calidad	Reconocimiento	Respeto	Religión	Serenidad
Responsabilidad	Formalidad	Seguridad	Respeto por uno mismo	Verdad
Sofisticación	Estabilidad	Estatus	Libertad de horario	Espiritualidad
Sabiduría	Trabajar bajo presión	Trabajar con otras personas	Trabajar en solitario	OTROS

Tus seis valores prioritarios

Ahora decide, de entre todos los que has escrito en el papel, cuáles son los seis valores más importantes para ti. Tacha todos los demás. Ya sé, estás tachando valores que son importantes para ti, y en la vida tener que elegir entre varias cosas que nos importan no es agradable, pero a veces es necesario. Y en este momento es imprescindible para que puedas trabajar en tu identidad personal. Seis valores. No más.

Tus tres valores innegociables

Probablemente te haya costado bastante priorizar todos tus valores para llegar únicamente a seis. Pero, para este ejercicio, de esos seis valores solo te podrás quedar con tres. No significa que los otros tres no sean importantísimos para ti, pero piénsalo bien. Si tuvieses que pasarte el resto de tu vida viviendo conforme a tres únicos valores, ¿qué tres serían? ¿Cuáles son los tres que jamás negociarías?

Ya tienes tus tres valores innegociables. Si los asumes como barreras infranqueables en tu día a día y tomas la decisión de respetarlos en cada pequeña acción que lleves a cabo, estarás basando verdaderamente tu vida en lo importante. Y esa es la forma de ser feliz con todo lo que hagas.

Quiero que tengas tus valores innegociables presentes

en el siguiente paso, pues te vas a marcar metas a alcanzar. No te marques metas que vayan en contra de tus valores. Al contrario, escoge aquellas metas en relación con tu impacto interpersonal que respeten lo que es más importante para ti.

Desafío: Márcate metas de impacto

Ahora que has hecho los ejercicios de identificar tus mayores dificultades a nivel de impacto interpersonal e identificar tus valores innegociables, es el momento perfecto para fijarse objetivos. ¿Qué quieres conseguir? ¿Qué impacto quieres tener en las personas?

Piensa un momento; seguro que lo sabes. Y si no lo sabes, relee tus dificultades, sobre todo las prioritarias que has seleccionado justo antes de ponerte con el desafío de los valores innegociables.

Prepara una nueva hoja de tu libreta para el ejercicio de definición de tus metas que estás a punto de realizar. Cuando la tengas, vamos con este nuevo paso hacia la definición de tu objetivo.

Te voy a dar algunas ideas, como he hecho con las dificultades. Quiero que leas de forma reflexiva cada una de ellas y te preguntes: «¿Quiero esto?». Si la respuesta es sí, anota la meta en tu libreta, y repite el proceso con cada nueva idea del listado. Aquí tienes los ejemplos:

- Quiero ser capaz de establecer relaciones y alianzas profesionales valiosas.
- Quiero aprender a hablar con soltura y carisma ante audiencias o grupos numerosos.
- Quiero poder liderar un equipo de forma enérgica y positiva.
- Quiero compartir mis ideas con confianza y seguridad.
- Quiero tener la habilidad para organizar y ejecutar reuniones productivas y revitalizantes.
- Quiero conectar con las personas fácilmente.
- Quiero participar más y de forma memorable en las conversaciones, comunicar mis ideas de forma impactante.
- Quiero forjar un entramado de enlaces profesionales y sociales potentes.
- Quiero mejorar mi reputación profesional.
- Quiero sentirme seguro y con confianza cuando me expreso ante otras personas.
- Quiero dejar huella en las personas cuando me conocen y ser recordado.
- Quiero dominar mi habilidad para hablar en público con soltura y espontaneidad.
- Quiero llegar a acuerdos y puntos comunes en los debates y discusiones.
- Quiero que se me valore cuando estoy hablando y se valore lo que aporto: que presten atención a lo que digo, que se interesen por mi punto de vista...
- Quiero trabajar en equipo de forma fluida y generando un buen clima con mis compañeros.

- Quiero poder liderar a un equipo de personas para que me reconozcan y respeten como líder.
- Quiero transmitir la sensación de que soy irreemplazable.
- Quiero construir una reputación positiva y memorable.
- Quiero ser y ser percibido como una persona carismática.
- Quiero hacer amistades y conectar con personas nuevas.
- Quiero poder interpretar e incluso predecir el comportamiento de otros.
- Quiero tener la habilidad para dar conferencias y discursos que inspiren a las personas.
- Quiero atreverme a pedir un ascenso o un aumento de salario.
- Quiero ser capaz de valorar el nivel de impacto que estoy teniendo en otra persona en un momento dado.
- Quiero ser respetado, escuchado y tomado en serio.
- Quiero ser capaz de influir en otros de forma positiva e inspiradora.
- Quiero tener unas excelentes habilidades comunicativas a nivel comercial para cerrar ventas y negociaciones.

¿Has revisado que tus metas sean coherentes con tus valores innegociables? Te pongo un par de ejemplos para que te hagas una idea de cómo tener en cuenta tus valores en este paso del proceso.

- Si uno de tus valores innegociables es el estatus, sería coherente que una de tus metas fuera algo como construir una reputación poderosa y de autoridad.
- Si uno de tus valores innegociables es la amistad, tal vez una de tus metas sea algo relacionado con conseguir conectar con las personas de forma profunda y duradera.
- Si uno de tus valores innegociables es el liderazgo, es probable que te marques metas en la línea de ser reconocido y respetado como líder en tu equipo de trabajo.

Echa un vistazo a tu lista de metas y evalúa si todas las que están son coherentes con tus valores innegociables. Luego recupera tus tres valores innegociables y dale una vuelta a si tal vez quieres incluir alguna meta más que te acerque hacia una vida dirigida por esos valores.

Ahora que has escrito en tu libreta las metas de las que he sugerido que sientes como propias, dibuja nuevamente casillas de verificación junto a los elementos del listado y ya sabes cómo sigue el ejercicio. Toca que te pares a reflexionar un rato y añadas todas las metas que te gustaría alcanzar, pero que yo no he mencionado en mis ejemplos. Enfócate en metas que estén relacionadas con el modo en que eres percibido y el impacto que tienes en otras personas.

Tómate unos minutos y escríbelas en tu listado. Una vez tengas tu listado de metas completo, ya solo te queda el último paso de este ejercicio: priorizar. Repasa todas tus metas de impacto interpersonal y marca las casillas de las tres metas que más deseas conseguir.

El impacto es físico: La química del impacto interpersonal

Llegamos a una parte extremadamente interesante en este primer paso en el que entramos en contacto con todo el proceso para comprender las bases: La química del impacto interpersonal.

Es posible que, tras reflexionar acerca de tus dificultades y tus metas, te preguntes qué vamos a entrenar exactamente. O con qué criterio. ¿Se trata de una selección aleatoria de competencias sociales?

No te preocupes porque absolutamente todas las decisiones que vamos a tomar y todas las destrezas que vamos a seleccionar en tu entrenamiento de impacto interpersonal tienen un fundamento y un criterio.

Te voy a dar una visión general de cómo impactamos en otras personas exactamente; de cómo generamos determinadas sensaciones en otros.

Se trata, ni más menos, que de química. Y de ciencia. Casi todo lo que sentimos viene influenciado directamente y de forma poderosa por las hormonas que libera nuestro cerebro. Y no suele fallar. Si eres una persona neurotípica (es decir, sin ninguna condición neurológica como podría ser el Trastorno de Espectro Autista) y recibes un abrazo de un ser querido, tu cerebro libera oxitocina (esto funciona un poco diferente con personas no neurotípicas, por ejemplo, personas dentro del espectro autista). Y sin más, te sientes más tranquilo, más seguro. Pues como con esto, ocurre de forma evidente y comprobable con infinidad de situaciones.

Entonces, a la hora de generar determinado impacto en las personas, no necesitamos estrategias rebuscadas ni aprender a hacer el pino. Solo necesitamos identificar qué combinación concreta de hormonas debemos estimular en la otra persona y qué debemos hacer para estimularla. Y no vas a tener que complicarte investigando, porque ese trabajo te lo traigo yo hecho. Lo único que vas a tener que hacer tú es aplicarlo. Y a veces, para aplicarlo, vas a tener que salir de tu zona de confort, claro. Pero eso ya lo sabes y has decidido que nada te va a frenar para tener el impacto que quieres, ¿verdad?

Y es que además te voy a dar una fantástica noticia. Nuestro cerebro tiene memoria química y eso es algo que tú vas a poder aprovechar. ¿A qué me refiero? Pues me refiero a que no vas a tener que estar constantemente haciendo el esfuerzo por estimular determinadas hormonas en los demás cada vez que los veas.

Tal vez ya hayas oído hablar de los experimentos de Pávlov a mediados del siglo XIX. Él fue la pieza clave en la formulación de lo que conocemos como la Teoría del Condicionamiento Clásico. A grandes rasgos, lo que descubrió fue que el cerebro tiene la capacidad para asociar estímulos neutros con estímulos significativos de modo que, potencialmente, ese estímulo neutro puede producir la misma respuesta corporal que si en su lugar se aplicara el estímulo significativo. Sus experimentos eran con perros, sonidos de campana y comida, pero a partir de esos estudios este conocimiento del cerebro humano fue probado en otros contextos, con otros animales e incluso con seres humanos.

Si yo te conozco hoy y tú consigues que mi cerebro, en mi interacción contigo, libere una buena dosis de serotonina, por ejemplo, la próxima vez que te vea, mi cerebro automáticamente liberará serotonina porque recuerda lo que tú me hiciste sentir a mí. Y si a partir de ese momento quieres seguir teniendo el mismo impacto en mí, ya no necesitarás ningún gran esfuerzo. Solo tendrás que ser coherente con eso que mi cerebro percibe en ti. Y tu impacto perdurará.

Para que esto funcione, ese primer impacto debe ser químicamente intenso. En la Teoría del Condicionamiento Clásico se requiere un periodo de repetición de estímulos asociados (suena la campana cada vez que el perro va a recibir comida) antes de conseguir que el estímulo neutro (el sonido de la campana) tenga un efecto similar (el perro se alegra y produce saliva) al estímulo significativo (la entrega de comida). Al trasladar esto a nuestro tema, la situación es algo diferente. Por un lado, somos seres humanos. Establecemos asociaciones de forma más compleja e intelectual. Y por otro lado, tenemos cerebros muy cabezotas. En el momento en que nos formamos una primera impresión de alguien, de manera prácticamente inconsciente nos pasamos cada interacción con esa persona recogiendo pruebas de que nuestra primera impresión no estaba equivocada. Es muy complicado cambiar la sensación intuitiva que te produce una persona, porque tu cerebro se estará esforzando por buscar indicios que confirmen que esa sensación era acertada.

Y es por esta razón que la primera impresión que transmitimos a otras personas es poderosa..., porque no es fácil cambiar esa sensación inicial que la otra persona tiene sobre ti la primera vez que interactúa contigo.

Bien. ¿Con qué hormonas vamos a estar jugando exactamente? Pues las cuatro grandes hormonas que libera el cerebro son las endorfinas, la serotonina, la dopamina y la oxitocina.

Casi todo nuestro entrenamiento se va a enfocar en diferentes combinaciones de las tres últimas: serotonina, dopamina y oxitocina, porque son las que tienen una mayor relevancia a la hora de modular el impacto que tenemos en otros. Las endorfinas son tal vez más importantes para la parte intrapersonal de la inteligencia emocional, pues son analgésicas y nos ayudan a superar momentos dolorosos. Pero su relevancia para el impacto interpersonal no es tanta y podemos conseguir efectos similares incidiendo en las otras tres.

Vamos a ver muy rápido qué produce cada una de estas hormonas, simplemente para que te sirva de contexto.

SEROTONINA

El profesor Kanen, de la Universidad de Cambridge, y su equipo de investigación estudian a fondo la influencia de la serotonina en diferentes dinámicas y procesos sociales. Según afirman, la serotonina está involucrada en una amplia gama de capacidades mentales esenciales para moverse por el mundo social, incluido el control de las emociones y los impulsos.

La serotonina es la hormona de la autoestima y la confianza, y se incrementa cuando nos sentimos importantes. Cuando sentimos que encajamos, que somos aceptados. Es la hormona que estimulamos cuando le transmitimos a la otra persona «te escucho, te reconozco, te valoro, nos parecemos». La serotonina se activa ante señales de accesibilidad y familiaridad por nuestra parte.

Un estudio en el que colaboraron el Instituto de Neurociencia de Georgia y la Universidad de Harvard halló que existe una relación entre los niveles de serotonina en el cuerpo y el estatus social. Si lo piensas, tiene sentido, pues cuando tu estatus social es elevado, constantemente recibes el mensaje de que eres escuchado, eres reconocido, se te valora e incluso se te imita. Tu cuerpo produce altos niveles de serotonina ante ese tipo de retroalimentación por parte de tu entorno.

A su vez, estos altos niveles de serotonina se relacionan también con una mejor resistencia a conductas compulsivas en las adicciones, pues el autocontrol mejora con la serotonina. También se ha relacionado, por otro lado, con una conducta ligeramente más agresiva, aunque no descontrolada. En términos carismáticos, estamos hablando de que la estimulación de la serotonina podría promover en ti una mayor tendencia hacia la autoridad que hacia la accesibilidad.

Si quieres experimentarla en tu propio cuerpo, aquí tienes algunos detonadores de serotonina, para que los pongas a prueba:

1. Haz un listado de 30 cosas por las que sientes profunda gratitud. Pueden ser grandes cosas y pequeños detalles. Siente la gratitud con cada célula de tu cuerpo de forma muy enfocada y experimentarás una buena descarga de serotonina.
2. Sal a la naturaleza en solitario e invierte al menos treinta minutos sin tecnología, observando el movimiento de los árboles y escuchando el sonido del viento.
3. Siéntate a recordar con todo lujo de detalles un momento muy feliz de tu vida, y empápate de él.

¿Podemos pasarnos con la serotonina? No es lo habitual, pero a veces el cuerpo produce demasiada serotonina, y la consecuencia no es tan positiva como puede serlo el hecho de producir cantidades saludables de esta hormona.

Por ejemplo, un estudio de la Universidad de California en Los Ángeles estableció un vínculo entre unos muy altos niveles de serotonina y el Trastorno de Ansiedad Social, o lo que conocemos como «fobia social». El Trastorno de Ansiedad Social se caracteriza por el miedo y la evitación de situaciones en que creemos que podemos estar sujetos a escrutinio y en riesgo de vergüenza o humillación. Se trata del más común de los trastornos de ansiedad y afecta a más del cinco por ciento de la población general, siendo su edad de inicio muy temprana.

Como te decía, la serotonina es la hormona de la autoestima y la autoimportancia. En cambio, cuando los niveles de serotonina son demasiado elevados, podemos llegar a asignarnos demasiada importancia, incluso en situaciones donde realmente nadie está pensando en nosotros. Esto nos llevaría a experimentar esa fobia derivada de creer que todo el mundo se está fijando en nosotros, está pensando en nosotros, está hablando de nosotros... y probablemente estén hablando mal.

Puesto que esto afecta a algo más del cinco por ciento de la población, es muy probable que conozcas a varias personas afectadas por un exceso de serotonina. ¿Le pones cara a esa persona con una personalidad fuerte y ligeramente agresiva que, contra lo que cabría esperar, tiende a huir de las situaciones sociales que se escapan de su control, tal vez por fobia social? Puede que tú mismo te hayas sentido identificado con esto. Si es así, sé consciente de que se trata de una simple cuestión de química, y recupera tu confianza para impactar positivamente en tu entorno.

Dopamina

La dopamina es la hormona del placer. Es fantástica para motivarnos a cumplir metas, deseos y necesidades. Nos dispara la energía, el entusiasmo. Es la hormona que estimulamos cuando le transmitimos a la otra persona «me gustas, te desafío, te estimulo». Y es la que tienes que estimular si quieres volverte inolvidable para alguien.

Son numerosos los estudios que han relacionado el déficit de dopamina con una gran variedad de dificultades e incluso trastornos. Por poner un ejemplo (aunque podrían ponerse cientos), los investigadores suecos Díaz-Heijtz y Forssberg y el investigador español Mulas hallaron alteraciones de los patrones de los marcadores de la dopamina en personas con Trastorno de Atención e Hiperactividad. Los bajos niveles de dopamina generan una sensación constante de aburrimiento, desmotivación, insatisfacción, que son sensaciones muy habituales en personas con TDAH.

Esto mismo puedes trasladarlo a tu realidad y a tus interacciones sociales. Cuando la dopamina está baja, las personas se aburren, les falta estímulo, chispa. Lo mejor que puedes hacer tú si quieres tener un impacto poderoso en las personas, es despertar su cerebro con descargas de dopamina en los momentos clave.

La dopamina es, de todas las sustancias de nuestro sistema nervioso, la que tiene una mayor implicación en los procesos de recompensa cerebral. Y a ti te interesa conseguir que el cerebro de la otra persona se sienta recompensado cuando habla contigo. Porque si esa persona, contigo, se siente satisfecha, motivada, estimulada..., será una victoria absoluta para tu nivel de carisma.

Si quieres experimentarla en tu propio cuerpo, aquí tienes algunos detonadores de dopamina, para que también los pongas a prueba:

1. Escoge un día sin compromisos y permítete dormir hasta que se te acabe el sueño, hasta que te despiertes plenamente renovado. Ese despertar estará bien cargado de dopamina.
2. Ante el próximo pequeño logro del día de hoy, celébralo con un «¡hurra!» muy alto y un baile de la victoria.
3. Haz ejercicio físico y presta atención a cómo te sientes justo al terminar.
4. Cómprate un calendario de adviento de chocolates y utilízalo en cualquier momento del año para tener tu regalito sorpresa diario.

Los investigadores del Centro de Inteligencia Colectiva de Massachusetts Jannik Roessler y Peter Gloor hicieron un descubrimiento de lo más aprovechable e interesante. A través de un estudio experimental donde medían los niveles de felicidad de una muestra por medio de indicadores fisiológicos y escalas de autoevaluación, se encontraron con que el simple hecho de medir la propia felicidad incrementa el nivel de felicidad. El hecho de reflexionar sobre la propia felicidad y recibir retroalimentación sobre las puntuaciones en las medidas aplicadas hacía que las personas tomaran acción para aumentar su nivel de actividad y de felicidad. El sencillo hecho de pensar en la propia felicidad, la incrementa, y esto es algo muy potente.

Si quieres que la otra persona se sienta bien mientras habla contigo, dispara su nivel de dopamina poniendo su propia felicidad sobre la mesa. ¿Cómo puedes hacer esto? Con frases como las siguientes:

- Se te ve muy feliz. ¿Cómo te va todo?
- He oído que has conseguido la plaza indefinida. Estarás contentísima.
- ¡Qué maravilla cuando alguien hace realidad sus sueños! Qué feliz debes de estar...
- Sois muy afortunados, formáis una familia preciosa y se os ve tan felices.

Oxitocina

Un estudio llevado a cabo por la Academia Rusa de Ciencias Médicas concluyó que la oxitocina es la hormona de la confianza y el apego emocional. Y lo cierto es que, aunque el principal papel hormonal de la oxitocina es regular el proceso de gestación del feto, el parto y la lactancia, su papel en el establecimiento de conexiones sociales tiene presencia a lo largo de toda la vida.

La oxitocina es la hormona de los vínculos afectivos y relacionales. Es la hormona de la intimidad, la confianza, la conexión y la lealtad. Es precisamente la hormona que estimulamos cuando le transmitimos a la otra persona «te quiero, me importas, te apoyo».

El profesor ruso Ivan Mladenovic también enfocó parte de su investigación en torno a la oxitocina y su efecto en la psicología social. Según muestran sus resultados, la oxitocina juega un papel crucial a la hora de inducir la confianza entre seres humanos.

Algunos experimentos en el ámbito de la neuroeconomía sugieren que el aumento del nivel de oxitocina en el cerebro humano eleva la disposición para la cooperación, la colaboración y la complicidad.

Quien dijo que la información es poder se refería precisamente a pedacitos de conocimiento como este. Si estimulas la producción de oxitocina en la persona que tienes delante, esta será más propensa a confiar en ti, a estar de acuerdo contigo, a cooperar en lo que le propongas, a sentirse unida a ti y a tus posicionamientos.

Esto, como imaginarás, no está exento de polémica moral. El propio Mladenovic reflexiona en sus publicaciones científicas acerca de los cuestionamientos morales del uso de esta información pues, entre los efectos secundarios de su uso, se encuentra el hecho obvio de que esto pueda resultar en consecuencias no deseadas tanto a nivel individual como social.

En nuestro caso, como es lógico, no tendría ningún sentido utilizar ni esta ni ninguna otra de las informaciones que planteamos a lo largo del libro en perjuicio de nadie. ¿Por qué? Porque lo que estamos tratando de conseguir con este proceso transformador es ser personas más carismáticas y tener un impacto positivo y poderoso. Y no vamos a conseguir nada de esto si nuestro efecto en las personas no las deja mejor que como las encontramos. Por eso no tengo miedo de compartir contigo dosis de conocimiento en cierto modo inflamables. Porque tu objetivo cuando tomas este libro es impactar positivamente, es incrementar tu carisma, ser memorable. Y todo esto solo se puede conseguir desde la premisa de que nuestra intervención en nuestro entorno debe ser para brillar y hacer brillar. Nunca para apagar la luz de nadie.

Si quieres experimentarla en tu propio cuerpo, aquí tienes algunos detonantes de oxitocina:

1. Dedica quince minutos o media hora a meditar. Sin distracciones y con la atención puesta en el primer punto de tu nariz contra el que choca el aire en cada inhalación.
2. Dale un abrazo lento y sentido a alguien a quien aprecies. Funciona muy bien también con animales.
3. Ten un detalle amable con alguien sin que haya una razón para ello.

La investigadora del Grupo Internacional Neurociencias, Ángela Lucía Gómez Molina, junto con su equipo de investigación, llegan incluso a cuestionar si es libre el ser humano al actuar socialmente. La oxitocina es presentada por ellos como la hormona del amor, el altruismo y la confianza en el otro y asocian esta hormona con conductas de acercamiento social. ¿Actúa libremente el ser humano cuando confía y se vincula emocionalmente con otro ser humano? Pues como estamos viendo, las hormonas tienen una importancia difícil de ignorar a la hora de condicionar nuestras tendencias y decisiones. De ahí que les estamos prestando tanta atención.

Comprendido esto, el modo de conseguir tener un impacto poderoso y que haga sentir bien a la otra persona pero también a ti es que ambas partes estéis bien servidas de estos tres químicos corporales. Y esto es lo que vamos a conseguir generar en tu entrenamiento de impacto interpersonal.

Interesante, ¿verdad? Pero tiene mucha ciencia detrás. Como ya has podido conocer un poco y como irás viendo a lo largo del proceso, numerosos equipos de investigación de universidades de todo el mundo (te los iré referenciando sobre la marcha) realizaron y siguen realizando estudios, investigaciones acerca del impacto interpersonal y los factores que ejercen una mayor influencia en ese impacto.

Por ejemplo, ¿sabías que lo que dices durante una interacción social tiene un peso de un 40 por ciento como máximo en el impacto de tu mensaje en la persona o audiencia que te escucha? A partir del 60 por ciento restante de ese impacto corre a cargo de tu comunicación no verbal. Es decir, tu lenguaje corporal, tus expresiones faciales o el tono de tu voz.

En tu entrenamiento de impacto interpersonal vamos a ir trabajando en una cuidada selección de competencias específicas, y las vamos a trabajar abarcando, por supuesto, la comunicación verbal y la comunicación no verbal. Vamos a empezar por tu carisma, porque es una competencia increíble, con un enorme retorno de la inversión de tiempo y esfuerzo que pongas en ella. Y a la vez, aunque pueda parecerte que no, es de las competencias más sencillas de perfeccionar. Y a partir de ahí, vamos a ir atravesando las diferentes fases del proceso. Perfeccionando competencias cada vez más complejas y sofisticadas, hasta que lleguemos al punto en que tú seas capaz de generar un impacto poderoso en cualquier situación y de forma natural.

Ahora te invito a que realmente pruebes cada una de las actividades que te he propuesto para detonar las diferentes hormonas en tu propio cuerpo. Todo te va a hacer sentir muy bien, pero no exactamente del mismo modo. Y me encantaría que prestaras atención a las sutiles diferencias.

Aprovecha el «Efecto Halo»

Vamos a hablar del Efecto Halo de la comunicación no verbal en el impacto que tienes cada vez que te muestras ante otras personas. Esto es algo impresionante.

El Efecto Halo es un sesgo cognitivo según el cual las personas llegamos a conclusiones o valoraciones determinadas no en base al verdadero valor de algo, sino en base al valor que percibimos en algo relacionado.

Sé que puede sonar un poco lioso, así que te lo voy a explicar con un ejemplo. Se trata de una investigación llevada a cabo por el profesor de la Cornell University, Stephen Ceci.

Lo que hizo fue tomar como muestra a dos grupos de alumnos y alumnas de la misma materia a lo largo de todo un semestre y realizó un experimento.

La materia era la misma, el contenido era el mismo, él impartía las lecciones a través del mismo discurso, palabra por palabra, y el libro de texto empleado para el trabajo complementario en casa era el mismo en ambos grupos.

Sin embargo, aplicó una diferencia a la hora de impartir su docencia: el lenguaje corporal.

En el primer grupo dejaba que su lenguaje corporal surgiera de forma espontánea, sin ningún tipo de estrategia al respecto. Y en el segundo grupo adoptó un lenguaje corporal de poder a lo largo de todo el semestre. Un lenguaje corporal de poder consiste en un conjunto de posturas y comportamientos corporales propios de una persona con confianza en sí misma: hombros relajados, pecho abierto, tronco derecho y sin bloqueos (ni brazos cruzados ni objetos sostenidos frente al tronco), cabeza erguida, piernas ligeramente separadas, expresión facial relajada y segura...

Todo lo demás era idéntico. Al final del semestre, el profesor Ceci pidió a su alumnado de ambos grupos que evaluara determinados aspectos en relación con la impartición de la materia. Concretamente les pidió que evaluaran estos cinco aspectos:

1. Autoridad, es decir, el nivel de conocimiento y preparación del profesor sobre la materia.
2. Accesibilidad, es decir, simpatía y cercanía que transmitía el profesor.
3. Organización de la materia.
4. Calidad de los recursos didácticos empleados; básicamente, el libro de texto.
5. Evaluación justa, es decir, en qué medida el profesor era justo y coherente a la hora de calificar al alumnado.

El profesor Ceci quería averiguar la evaluación de cuáles de estos factores se veía condicionada por el tipo de lenguaje corporal empleado durante las sesiones docentes. Y el resultado que obtuvo fue sorprendente.

El alumnado del grupo donde había utilizado un lenguaje corporal de poder lo evaluó significativamente mejor en autoridad, es decir, lo consideraban más preparado y competente en la materia. Pero también lo evaluaron mejor en accesibilidad, es decir, lo veían como más simpático y cercano. Y también obtuvo mejores evaluaciones en cuanto a la organización de la materia, y en evaluación justa. Pero es que incluso valoraron mejor la calidad de los recursos didácticos. ¡El libro de texto, que era exactamente el mismo!

Esto es lo que conocemos como Efecto Halo. La valoración inconsciente que el alumnado hizo del profesor a través de la percepción de su lenguaje corporal de poder fue trasladada automáticamente a todos los demás elementos evaluados. La investigadora Jenny Doorn explica el Efecto Halo como la evaluación de un atributo particular o de una dimensión de un objeto de forma influenciada por la impresión general o por la impresión de otros atributos o dimensiones de ese mismo objeto que, en principio, no están relacionadas. Y este efecto, en relación con el lenguaje corporal, es de los más potentes.

¿Qué significa esto? Que el impacto de tu lenguaje corporal va mucho más allá del mensaje y momento concretos en que lo aplicas. Y te he puesto el ejemplo de la investigación de Stephen Ceci, pero te podría haber puesto decenas de ejemplos más.

En España, los investigadores Juan Luis Nicolau, Juan

Pedro Mellinas y Eva Martín-Fuentes analizaron también el Efecto Halo en la valoración que se hacía de establecimientos de hostelería y turismo y encontraron que el detonante del efecto era la variable «ubicación». Ubica bien tu hotel, y será mejor valorado en aspectos para nada relacionados con la ubicación. ¡Interesante!

Te dejaré entre las referencias de este capítulo algunos ejemplos muy interesantes, entre ellos un estudio llevado a cabo por los investigadores Danuta, Andry y Arrozi en el contexto de la enfermería, en Indonesia.

El Efecto Halo del lenguaje corporal es un hecho, y es tremendamente poderoso. Cuando tú utilizas un lenguaje corporal de poder, todo lo que se vincula a ti se ve beneficiado por el Efecto Halo. Tú eres mejor valorado, tu equipo es percibido como mejor, el producto que vendes es percibido como mejor, la empresa a la que perteneces, la persona que te acompaña, la ropa que llevas puesta... Si pidiéramos explícitamente a las personas que están en tu presencia que valoraran toda una serie de aspectos en relación con tu persona, tenlo por seguro: su valoración de todo, o prácticamente todo, se vería beneficiada (o perjudicada) por el impacto de tu lenguaje corporal. Así de poderoso es, y así de importante es elegirlo estratégicamente.

Cómo nos presentamos a nosotros mismos

El modo en que nos presentamos a nosotros mismos condiciona totalmente la imagen que las personas van a tener de nosotros y de quiénes somos. Y es importante elegir bien tanto las palabras como el lenguaje corporal, porque ambos tienen una importancia decisiva en nuestra identidad percibida.

Hemos visto lo vital que resulta modular bien el lenguaje corporal. El Efecto Halo del lenguaje corporal lo baña todo, y nuestros gestos, expresiones, posturas y movimientos van a tener una enorme influencia en el modo en que somos percibidos. Por otro lado, la elección de las palabras es algo a lo que todas las personas tendemos a dar mucha importancia por defecto (a veces demasiada en relación con otros aspectos, pero lo cierto es que es importante).

Vamos con un ejemplo. Una investigación llevada a cabo en el Hospital Chelsea y Westminster de Londres analizó el modo en que los médicos y médicas en prácticas se presentaban a sí mismos ante los pacientes. Todos ellos se presentaron con su nombre, lo cual parece ser el requisito básico de toda presentación. La mayoría usó solo el nombre de pila, pero también hubo dos pequeños grupos que se presentaron con su apellido o con su nombre y apellido. Piénsalo un momento. ¿Cómo sueles presentarte tú: nombre de pila, apellido o ambos? Lo más probable es que esto dependa del contexto. En España, tendemos a incluir el apellido en contextos profesionales y a omitirlo en contextos informales. Pero esto mismo funciona de modos diferentes dependiendo del país. Por ejemplo, en Estados Unidos, tiende a utilizarse mucho más el apellido en contextos más variados. Por el contrario, en España, tendemos a reservar el apellido para cuando los presentamos en contextos formales.

Continuamos con el estudio. El 67 por ciento de los participantes mencionó su especialidad y el 18 por ciento mencionó su grado de formación. En contextos profesionales, es probable que tú también menciones algún tipo de información acerca de tu profesión, aunque en contextos sociales más informales tendemos a esperar a compartir ese dato solo cuando la otra persona lo pregunta o, más adelante, cuando tiene sentido de forma integrada en la conversación. ¿Qué ocurre con el grado de formación, con el nivel de estudios? En un contexto profesional, ¿sueles especificar si eres técnico, o licenciado, o graduado, o doctor...? Nuevamente, en diferentes países las costumbres pueden variar. En España, dependiendo del contexto laboral, podría tener sentido mencionarlo o podría sonar pretencioso. Quiero que vayas reflexionando acerca de cómo te sueles presentar tú en los diferentes contextos.

En el estudio, se descubrió que la gran mayoría de los participantes (un 80 por ciento había ido variando la forma en que se presentaba ante los pacientes a lo largo del tiempo, y esto lo habían hecho en base a varios factores. Por ejemplo, una de las variables que los llevaba a modificar su presentación eran las características del paciente ante quien se estaban presentando. ¿Te presentarías tú igual ante el nuevo vecino que ante tu nuevo jefe? Con total seguridad, no lo harías. Es importante analizar ante quién nos estamos presentando para elegir las palabras, la actitud, el nivel de carga emocional (puedes presentarte ante el recién nacido de tu hermana con absoluto entusiasmo, pero no te llevarías ese nivel de entusiasmo a la presentación ante el auditor de tu empresa, ¿verdad?). Y también los participantes iban variando el contenido de su presentación en función de en qué año se encontraran como aprendices. Por ejemplo, las presentaciones de los médicos en prácticas de primer año tendían a ser más humildes que las de los de último año de prácticas, quienes daban una carga más profesional y de autoridad a su presentación.

Y algo muy interesante en los resultados de este estudio es que la mayoría de los participantes evitó utilizar la palabra «aprendiz» o cualquier otra que significara que estaba en proceso de formación. Quienes sí utilizaban estos términos solían ser, precisamente, los participantes de primer año de prácticas, porque dejar constancia de esa condición, de algún modo, los ayudaba a relajar la tensión de tener que hacer bien un trabajo en el que todavía no tenían soltura o no se sentían del todo seguros.

¿Eres tú consciente de qué palabras te conviene evitar y en qué contextos? En el ejemplo del estudio, la palabra «aprendiz» tiene el potencial de ser un claro detonador de prejuicios o incluso miedos e inseguridades por parte de los pacientes a la hora de ser atendidos por el médico que se está presentando con ese término. ¿Tienes identificadas qué palabras de tu sector podrían tener una carga negativa, aunque sea de forma inconsciente? ¿Tienes identificadas las que podrían tener una carga positiva y beneficiosa para tu imagen personal y profesional? Es tremendamente importante reflexionar al respecto de esto. Pero no te preocupes; tendremos todo un capítulo enfocado en el condicionamiento psicológico, y ahí veremos a fondo cómo escoger nuestras palabras para que ellas impacten y allanen el terreno hacia la consecución de nuestros objetivos. Por el momento, vamos a hacer una primera demostración espontánea del modo en que utilizas tus palabras y tu cuerpo, en el siguiente desafío.

Desafío: Primera aproximación

Vamos con un desafío, y este es de los que requieren que salgas de tu zona de confort (salvo que lo que te voy a proponer esté en tu zona de confort, que no es lo habitual, pero podría ser).

El desafío es el siguiente: Quiero proponerte que utilices la cámara de tu teléfono (o una cámara de vídeo, si tienes y prefieres) para grabarte a ti mismo durante uno o dos minutos como máximo.

El vídeo deberá ser tu presentación. Imagina que te encuentras en una fiesta, un evento, un congreso... Lo que tú prefieras. Y en esa situación ves a una persona entre la gente. Una persona concreta a quien te interesaría mucho conocer por alguna razón. Por ejemplo, tal vez se trate de un referente en tu profesión o alguien a quien admiras y con quien te encantaría poder entablar contacto. Tal vez se trate de un potencial contacto profesional muy interesante. Tal vez sea alguien con determinado tipo de personalidad a quien te gustaría mucho acercarte para entablar amistad.

El contexto y la persona los pones tú. Graba un vídeo de cómo sería tu primer acercamiento a esa persona. De cómo te acercarías y de cómo te presentarías.

No te preocupes, no tienes que mostrarle este vídeo a nadie. Grábalo y guárdalo. Asegúrate de conservarlo porque en algún momento futuro en tu proceso de entrenamiento de impacto interpersonal voy a pedirte que evalúes y mejores este primer intento en base a lo que iremos aprendiendo y trabajando.

Si hacer este ejercicio te da vergüenza o te hace sentir incómodo de algún modo, es normal. Sobre todo si no estás acostumbrado a la cámara. Te vas a sentir ridículo y, ¿sabes qué? No pasa nada. No peligran ni tu integridad física ni tu reputación, porque el vídeo es para ti.

Si a estas alturas ya has decidido que no vas a hacerlo porque te parece una tontería o porque te sientes incómodo, pregúntate si realmente estás lo suficientemente comprometido con la consecución de tu objetivo. Este proceso va a requerir que practiques y que te pongas en situaciones que a veces te van a resultar un poco incómodas. Y te aseguro que poner de tu parte es un ingrediente imprescindible. No puede funcionar de otro modo.

Así que te animo mucho a que dediques un momento a pensar en qué situación y a qué persona escoges para esta simulación de primer acercamiento. Echa un vistazo a tus metas en tu libreta y piensa en si tal vez podrías plantear una situación vinculada a alguna de tus metas prioritarias.

Una vez tengas claros el contexto y la persona, graba la escenificación de cómo sería tu acercamiento en vídeo. Será un desafío doblemente aprovechado.

Desafío: Imagen actual

Y enlazamos con otro desafío. En esta ocasión se trata de un desafío mucho menos intimidante. Este lo vas a poder hacer cómodamente desde tu zona de confort. Es donde más nos gusta estar a todos, así que aprovecha los breves momentos de este proceso en que te puedes quedar ahí con tu manta y tu taza de chocolate caliente (o al menos así es como yo visualizo mi zona de confort).

Este desafío consiste en que tomes fotografías o capturas de pantalla de diferentes elementos que tal vez tengas ocasión de transformar a lo largo de tu entrenamiento de impacto interpersonal. Te pongo ejemplos específicos:

- Haz una captura de la cabecera de tu perfil en redes profesionales o plataformas de búsqueda de empleo, es decir, la zona (generalmente en la parte superior) donde aparece tu foto, tu cargo actual o título destacado, tu descripción y lo que quepa en la pantalla.
- Haz también una captura de la firma de tus emails.
- Si tienes una página web o un blog, haz una captura de la parte superior, lo primero que ve una persona cuando accede.

- Haz capturas de tus perfiles en redes sociales, siempre la parte superior, donde se muestra quién eres.
- ¿Tienes tarjetas profesionales físicas? Hazles también una foto.
- Si tienes un lugar de trabajo donde atiendes al público o desde donde creas contenido visual, es decir, si tienes un espacio de trabajo que ven otras personas aparte de ti, haz una foto de ese espacio.
- Haz una foto tuya de plano medio, de frente y con buena iluminación.
- Y para terminar, hazte una foto de cuerpo entero cada día a lo largo de una semana. Hazla antes de salir de casa, para capturar exactamente cómo te ven quienes se cruzan contigo ese día. Si la mayor parte de tu tiempo con personas es en interior, haz las fotos sin prendas de abrigo que no llevarás durante ese tiempo de interacción. Solo intenta que sean fotos representativas de lo que las personas con las que te relacionas verán de ti físicamente.

Son muchas cosas, pero no tienen complicación. Se trata únicamente de tomar algunas fotografías y capturas de pantalla. Hazlas y consérvalas junto a tu vídeo del desafío anterior. Poco a poco iremos trabajando aspectos concretos que te ayudarán a perfeccionar todas estas cuestiones que también afectan a tu impacto interpersonal.

Análisis interaccional

Vamos ahora a realizar un análisis interaccional de tu momento actual. ¿Has oído alguna vez decir que eres la media de las cinco personas que te rodean? Es totalmente cierto en la mayoría de los casos. Las personas con las que nos relacionamos tienen un impacto enorme en lo que acabamos siendo. Porque las personas nos arrastramos unas a otras. Existe un magnetismo implícito entre los seres humanos que hace que tendamos a movernos en la dirección en que se mueve quien tenemos cerca.

Si, por ejemplo, tú eres una persona emprendedora y ambiciosa, pero pasas la mayor parte del tiempo rodeado de tu grupo de amigos cuya única pasión es estar tirados en el sofá viendo fútbol con una cerveza en la mano, ¿sabes qué puede ocurrir? Pues básicamente dos cosas:

1. Que te conviertas en uno de ellos y vayas, poco a poco, dejando de lado tu espíritu emprendedor.
2. Que te alejes de ellos para ser quien quieres ser.

Y, créeme..., la primera opción es mucho más probable, porque la intensidad de ese magnetismo social es enorme. De modo que es muy importante que escojas de forma consciente con quién decides pasar tu tiempo. Y no se trata únicamente de pasar tiempo presencialmente con esas personas. Si casi todas tus jornadas laborales contienen un par de largas videoconferencias con tu jefa, tu jefa muy probablemente sea una de esas cinco personas aunque no compartáis espacio físico. Incluso... si sigues en redes sociales a alguien que te inspira de algún modo y no te pierdes ninguna de sus publicaciones, esa persona podría llegar a convertirse en una de tus cinco personas. Porque aunque esa persona ni siquiera tiene conocimiento de que tú existes, está teniendo un impacto en ti de forma constante.

Sin embargo, es cierto que la influencia de esas personas en tu vida y tus decisiones es mayor cuánto más tiempo pasas en contacto directo con ellas. Un estudio de las investigadoras Judith Mildner y Diana Tamir descubrió que nuestros pensamientos espontáneos en soledad tienden a estar menos relacionados con personas que nuestros pensamientos cuando nos encontramos en contextos sociales. La presencia de otras personas en tu cabeza es menor cuanto más tiempo pasas en solitario. ¿Tiendes tú a ser una persona especialmente sociable y estás siempre rodeada de otras personas? La influencia de esas cinco personas en ti va a ser alta. ¿Sueles ser, por el contrario, una persona solitaria y que disfruta de largos momentos consigo misma? Las cinco personas que te rodean van a tener una influencia en tu vida, aunque tal vez no tan intensa.

El primer paso en este análisis interaccional consiste, precisamente, en que identifiques quiénes son esas cinco personas que tienen una mayor presencia en tu vida diaria. A esto lo llamaremos «el círculo de magnetismo relacional». Sé que te vas a sentir tentado a mencionar a alguna persona de esas que tendrían un impacto positivo, pero que realmente no están tan presentes (ya sabes, esa amiga increíblemente decidida y cargada de pura determinación, pero con quien quedas una vez al mes o menos). No caigas en esa tentación. Sé cien por cien sincero contigo mismo. ¿Quiénes son esas cinco personas que tienen una presencia más constante en tu vida diaria, ya sea presencial o virtualmente? Puedes contar a los grupos como una única persona. Por ejemplo, si tienes cuatro hijos, cuéntalos como una persona si tienen (como probablemente ocurra) una presencia constante e intensa en tu vida. Del mismo modo, si eres maestro o maestra de un grupo de educación infantil, esas criaturas ruidosas y alegres computan también como una persona.

Haz un repaso mental por todo lo que haces desde que te despiertas por la mañana hasta que te duermes por la noche. ¿Con quién compartes tu tiempo y a quién dedicas tu atención en cada una de las tareas del día?

Utiliza una nueva hoja de tu libreta para este ejercicio. Bajo el título «círculo de magnetismo relacional» escribe los nombres de las cinco personas que tienen una mayor presencia en tu mente a diario.

Y bajo esa sección, plasma también lo que llamaremos tu «círculo de impulsores potenciales».

Un impulsor es una persona de tu círculo amplio (no necesariamente de tu círculo de magnetismo relacional) que tiene un potencial de impacto muy positivo en tu vida, hasta el punto de poder impulsarte hacia tus metas. No tiene por qué tratarse de alguien cercano; ni siquiera de alguien que quiera ayudarte en estos momentos. Se trata de identificar a personas que tienen la posibilidad de hacerte avanzar hacia las metas que te has marcado.

Por ejemplo, si una de tus metas es conseguir un ascenso en tu empresa, probablemente uno de tus impulsores potenciales sea tu jefe, porque sus decisiones juegan un rol muy importante a la hora de que tú alcances lo que te has propuesto.

O si una de tus metas es llegar a crear una red de contactos poderosa en tu sector, tal vez uno de tus impulsores potenciales sea la madre de un amigo de tu hijo, del colegio, que es un referente muy bien conectado de tu mismo sector.

Identifica a aquellas personas con potencial de impulsarte a las que tengas acceso o a las que podrías tener acceso potencialmente, pensándolo de forma realista. Por ejemplo, tener acceso a la madre del amigo de tu hijo tal vez sea más realista que tener acceso a una celebridad de Hollywood.

Dedica ahora unos momentos a definir los dos círculos de esta tarea: el círculo de magnetismo relacional y el círculo de impulsores potenciales. Es un ejercicio muy interesante; espero que te resulte iluminador.

Visión

Es momento de definir exactamente adónde quieres llegar, porque estamos a punto de adentrarnos ya en el entrenamiento de la primera de las competencias, y necesitarás enfocarla hacia un punto de llegada específico. Como explica Frank Brown en *The Global Business Leader*, las mejores metas que nos podemos marcar son las que, aun siendo agresivas, son alcanzables, de modo que así es como lo vamos a hacer.

¿Por qué es importante partir con una visión clara? ¿Para qué necesitamos invertir tiempo en definir metas y objetivos en lugar de empezar a trabajar con determinación en aquello que intuitivamente sabemos que queremos? Son muchas las investigaciones que muestran la importancia de marcarnos metas. Te dejaré en las referencias de este capítulo, a modo de ejemplo, un estudio de Richard Dobbins y Barrie O. Pettman donde queda clara esta importancia.

El éxito consiste en lograr tus metas, sean cuales sean. Y esto significa que el éxito puede tomar formas muy diversas. Tal vez para ti el éxito sea vivir viajando y tener experiencias emocionantes. Y puede que para mí el éxito sea una vida tranquila en la naturaleza, sin grandes preocupaciones. Tú escoges tu visión y, de este modo, das forma a lo que sería, para ti, tener éxito.

Como explican Dobbins y Pettman, para tener éxito, el establecimiento de una visión clara es esencial. El pequeño número de personas que se fijan metas creíbles es el mismo número muy pequeño de personas que tienen éxito. ¿Cómo podrías tener éxito si no sabes qué es el éxito para ti?

Vamos a hacer un ejercicio de definición que es vital antes de empezar tu programa de entrenamiento. Recupera en tu libreta tu selección de metas y tenla a mano por si te sirve de inspiración en esta tarea.

Este ejercicio consta de dos fases. Prepara una nueva

hoja en tu libreta para la primera de las fases: Visión a diez años. Divide la hoja en dos columnas para que puedas definir tu visión a nivel personal y a nivel profesional. O adáptalo a tus circunstancias concretas. Por ejemplo, tal vez una persona muy joven prefiera establecer un contexto personal y otro académico en lugar del profesional. O quizá otra persona tenga en mente contextos muy específicos en los que se quiera centrar, por ejemplo, el contexto romántico o el contexto comunitario.

Puedes establecer tantos contextos como desees y definir tu visión para cada uno de ellos. Vamos a ver cuál es el proceso de definición de visión en cada contexto que decidas incluir. A continuación te explico las categorías que concretarás para cada uno de tus contextos.

Objetivo

Lo primero que necesitas es visualizar el resultado. Imagínate en diez años, por ejemplo, a nivel profesional. ¿Qué ves? ¿Qué querrías ver? Establece una visión realista con tendencia al optimismo. No sueñes demasiado pequeño porque ese sueño difícilmente va a conseguir motivarte.

Y al mismo tiempo sé todo lo específico que puedas. Por ejemplo, un objetivo profesional a diez años vista para un ejecutivo en una compañía podría ser obtener el puesto de director de un departamento. El objetivo a diez años vista de un entrenador físico podría ser dirigir un centro de entrenamiento con cinco entrenadores en plantilla y dedicarse él a la vertiente online del negocio. El objetivo a diez años vista de un emprendedor digital con cierto recorrido en el sector de la fotografía de eventos puede ser llegar a estar posicionado como el referente en el sector a nivel nacional.

Reflexiona acerca de dónde te querrías ver tú en diez años para cada uno de los contextos que hayas elegido y plasma tu objetivo de forma específica.

MEJORAS TÉCNICAS

El siguiente punto son las mejoras técnicas. Y mejoras técnicas son todo lo que puedas necesitar adquirir o desarrollar en relación directa con el contexto. Por ejemplo, el fotógrafo de eventos tal vez estime que para alcanzar ese objetivo, la principal mejora técnica que va a necesitar es capacitarse en el manejo de drones fotográficos. El entrenador personal podría detectar que la mejora técnica que va a necesitar es formarse en gestión de cara a la expansión de su negocio unipersonal hacia un centro con empleados.

Concreta qué mejoras técnicas vas a necesitar tú para cada una de tus metas.

COMPETENCIAS SOCIALES

Aquí viene la parte que más nos interesa porque es la que vamos a pulir y perfeccionar. ¿Qué competencias sociales necesitarás para alcanzar ese objetivo? Todavía no hemos hablado de ellas más que muy por el aire, pero escribe lo que intuitivamente sientas que necesitarás mejorar en relación con tu impacto en otras personas.

Por ejemplo, el entrenador tendría claro que necesita trabajar su liderazgo. Sabe que quiere liderar un equipo de entrenadores donde haya un clima de trabajo dinámico y positivo y para conseguirlo, tiene que lograr impactar de forma inspiradora en quienes trabajen con él. Y el fotógrafo de eventos tiene claro que solo llegará a ser un referente si consigue el contrato de la fotografía en varios eventos grandes. De modo que va a necesitar dominar la transmisión de una imagen de autoridad y competencia a la hora de presentarse ante coordinadores de eventos y convencerlos de que él es la mejor opción.

Explica con tus palabras qué necesitarás mejorar a nivel interrelacional.

IMPULSOR

Finalmente, define tu impulsor o impulsores. Identifica qué persona va a poder impulsarte hacia tu objetivo a través de su propia influencia, ayuda directa, conexiones o posición.

Enfócate en esta primera fase del ejercicio el tiempo que necesites hasta que tengas todo muy claramente plasmado en tu libreta. Cuando termines, vamos con la segunda fase: la visión a un año.

Lo que vas a hacer en tu libreta en esta segunda fase es exactamente lo mismo, pero con vistas a un plazo de un año. ¿Dónde te ves en un año? ¿Dónde te gustaría verte?

Habiendo completado la fase anterior, esta va a resultarte más sencilla, pues generalmente, tus objetivos a un año serán pasos intermedios en el camino hacia tus objetivos a diez años.

¿Qué tienes que haber conseguido en un año para encontrarte significativamente más cerca de alcanzar tu objetivo a diez años? Sigue el mismo proceso.

Primero, define el objetivo de forma específica. Por ejemplo: «Conseguir cuatro contratos fotográficos con eventos de relevancia nacional y obtener al menos dos testimonios de éxito para captación de posteriores contratos».

Luego, concreta las mejoras técnicas que necesitarás para alcanzar ese objetivo en un año. Por ejemplo: «Iniciar la formación en el manejo de drones fotográficos y acompañar a un fotógrafo con experiencia en drones durante varias sesiones para ir familiarizándome desde la práctica».

A continuación, competencias sociales. Por ejemplo: «Aprender a realizar una presentación de mis servicios de forma impactante y persuasiva. Y también transmitir una imagen de profesionalidad intachable ante los coordinadores de eventos».

Finalmente, los impulsores. Por ejemplo: «Un antiguo compañero de la escuela de fotografía que lleva un par de años manejando drones para bodas. Y el coach con quien tuve varias sesiones hace un año y ahora da conferencias en eventos, pues él podría presentarme a alguna persona en la coordinación de sus próximos eventos».

Y listo. Tienes tus visiones definidas.

Objetivo de impacto interpersonal

Hemos llegado a la cumbre de este primer capítulo en nuestro proceso de entrenamiento de impacto interpersonal: definir el objetivo específico que vamos a alcanzar a lo largo de este proceso. Se trata de un objetivo de ejemplo en el que te centrarás a medida que vayamos desarrollando competencias de impacto. Las competencias que estás a punto de empezar a trabajar te darán las herramientas necesarias para perseguir los objetivos que te propongas (ya hemos hablado de la enorme importancia de la inteligencia social en la consecución de objetivos), de modo que vamos a empezar por uno, mientras las desarrollas. Una vez las tengas bien trabajadas, podrás continuar aplicándolas a la consecución de todas tus metas.

Ya tienes tus objetivos a un año vista y estos te van a ayudar a definir el objetivo del proceso de entrenamiento. Como terminarás de leer y aplicar este libro en mucho menos de un año, para este proceso puedes tomar una porción de uno de tus objetivos anuales; un fragmento que te acerque significativamente a la consecución de ese objetivo anual.

Siguiendo el ejemplo del fotógrafo de eventos, su objetivo anual era cerrar cuatro contratos con eventos nacionales y conseguir un par de testimonios. Tal vez su objetivo específico para trabajar a lo largo de este proceso podría ser conseguir su primer contrato con un evento nacional. Es realmente un objetivo ambicioso, pero ¿por qué no?

Define muy bien cuál va a ser tu objetivo específico para este proceso. Vamos a enfocarnos en perfeccionar tu impacto para que consigas ese objetivo.

2

CARISMA: ¿CUÁL ES TU FÓRMULA?

Voy a empezar explicándote qué es exactamente el carisma; cuál es la fórmula que hará que vayas incrementando tu puntuación carismática.

Te sorprendería saber qué teorías hubo en torno al carisma a lo largo de la historia. Algunas de ellas llevaban el tema a un terreno de misterio e incluso magia, aunque poco a poco el concepto fue tomando forma.

Por ejemplo, el sociólogo alemán nacido a mediados del siglo XIX Max Weber hablaba del carisma como una cualidad extraordinaria, un poder sobrenatural otorgado de forma mágica a unos cuantos seres humanos desde su nacimiento. Esto significaba que el carisma de ningún modo se podría trabajar o desarrollar, pues era una propiedad innata de unos pocos, y sin posibilidad de intervención a través de aprendizajes o entrenamientos de ningún tipo. El objetivo del carisma era el ejercicio de la autoridad sobre las personas.

En la misma época, el sociólogo francés Gustave Le Bon hablaba de una cualidad equiparable al carisma: lo que él llamaba «prestigio». Y lo describía como el dominio que ejerce una persona sobre la mente de otras, y este dominio suponía la principal fuente de toda autoridad. Como ves, ambos vinculaban el concepto de carisma con el concepto de autoridad. Le Bon incorporaba comparaciones entre ese prestigio y la hipnosis, haciendo referencia a que se trataba de una cualidad muy poderosa, fascinante, que daba lugar a un efecto imitativo.

Por su parte, e inspirado en este último, el neurólogo austriaco Sigmund Freud seguía comparando el carisma con la hipnosis, pero incorporó a esta comparación una identificación afectiva por parte de lo que él llamaba «la masa» hacia la persona que ejercía el carisma, es decir, el líder. Y esta identificación efectiva es un elemento crucial para la fórmula a la que estamos a punto de llegar, pues refleja otro ingrediente fundamental para el carisma que se aleja de la autoridad, principal protagonista hasta el momento.

Si echamos un vistazo a teorías más actuales, ya en el siglo xx, el profesor universitario estadounidense Bernard Bass vinculaba el carisma a la capacidad para ampliar y elevar los intereses de otras personas (los empleados, en sus teorías del liderazgo). A finales de siglo, el profesor Boas Shamir comienza a vincular el carisma con la habilidad para fomentar la autoexpresión en las personas y para magnificar su autoconcepto.

Se mencionan elementos muy diferentes entre sí, pero todos parecen tener en común la idea de que el carisma es, de algún modo, un impacto en otros. Se trata de la habilidad para tener un efecto determinado en las personas.

Ya en nuestro siglo XXI desde la escuela de negocios de la Universidad de Harvard se llevó a cabo una investigación a través de la cual se pretendía llegar a comprender qué elementos son exactamente los que determinan que una persona sea percibida como carismática. La investigación, llevada a cabo por la psicóloga social Amy Cuddy y sus consultores Matthew Kohut y John Neffinger, llegó a la conclusión de que existen dos factores que, combinados, dan lugar a la fórmula perfecta del carisma. Estos dos factores son la accesibilidad y la autoridad.

Fue famosa la declaración de Maquiavelo en la que afirmaba que, puesto que es imposible ser temido y ser amado al mismo tiempo, un líder debe optar siempre por ser temido. Y esta idea caló bien hondo en el mundo de la empresa, teniendo todavía en la actualidad un peso importante en el modo en que se conciben el liderazgo y la influencia. Sin embargo, Amy Cuddy y su equipo refutaron tajantemente esa teoría con su investigación. No solo dieron a la calidez y la proximidad un papel protagonista en el carisma, sino que incluso establecieron que el mejor modo de influir en las personas de forma efectiva es combinando lo que Maquiavelo consideraba incombinable: el amor y el miedo o, en otras palabras, la accesibilidad y la autoridad; la calidez y la competencia.

La accesibilidad y la autoridad son dos características bastante opuestas, pero se pueden compatibilizar. Y precisamente las personas más carismáticas son las que consiguen transmitir una muy buena accesibilidad y también una muy buena autoridad. Vamos a ver de qué te estoy hablando, porque es probable que no seas consciente de esto todavía. Cuando conoces a alguien nuevo, tu subconsciente valora al instante en qué medida esa persona te transmite accesibilidad y autoridad, es decir, en qué medida esa persona te resulta carismática.

Accesibilidad y autoridad

La accesibilidad es la cercanía, la calidez. Tú transmites accesibilidad cuando la otra persona siente que eres amigable, cercano. Cuando ve en ti a un posible amigo, cuando siente que eres alguien en quien puede confiar. Por ejemplo, sabes que transmites accesibilidad si eres la clase de persona que prácticamente siempre cae bien. Si haces amigos con mucha facilidad. Y, sin duda, transmites accesibilidad si percibes que la gente tiende a sincerarse contigo, hacerte confesiones, contarte secretos incluso cuando tú todavía no sientes que tengáis tanta confianza.

Cuando tú transmites una alta accesibilidad, las personas en tu presencia se relajan, se abren, se acercan. Es algo muy bueno. Si consigues eso, ¿qué más podrías necesitar para ser carismático? Pues pasamos al otro factor de nuestra fórmula, exactamente igual de importante que la accesibilidad: la autoridad.

La autoridad es la capacidad, el poder. Tú transmites autoridad cuando la otra persona siente que eres alguien que sabe lo que hace, que sabe de lo que habla. Cuando ve en ti a alguien inteligente, poderoso, creíble, capaz. Cuando siente que eres profesional, riguroso, serio, y que tienes la posibilidad de conseguir resultados. La autoridad aporta el toque de admiración, imprescindible para el carisma.

Por ejemplo, sabes que transmites autoridad si eres la clase de persona a quien otros recurren en busca de soluciones o conocimiento. Si varias personas te tienen como un referente o un modelo a seguir. E incluso transmites autoridad si percibes que a veces las personas se sienten un poco intimidadas en tu presencia o al hablar contigo.

Cuando tú transmites una alta autoridad, eres tomado en serio con tus ideas, tus aportaciones y tus intervenciones. Es posible que incluso te conviertas en un referente para otras personas y sigan tu ejemplo en el terreno en que perciben que tienes autoridad. Si transmites autoridad, habitualmente serás admirado. Y esto también es algo bueno, ¿verdad?

Pero ¿qué hacemos ahora? Porque realmente es poco habitual encontrar en una misma persona una imagen de accesibilidad y de autoridad. Y es que, aun teniendo cada una de estas características innumerables beneficios sociales por sí solas, ninguna persona llega a ser percibida realmente como carismática si no transmite ambas en una buena medida.

Piénsalo y lo verás claro. Ponle cara a esa amiga tan buena, tan dócil, incluso tan graciosa y agradable pero que, en cambio, nunca tiene las cosas claras y sus opiniones son influenciables. Es alguien a quien te encanta tener como amiga. Porque es buena persona, porque sabes que puedes hablar con ella y no te va a juzgar. Al contrario, te va a apoyar y te va a prestar un hombro sobre el que llorar si lo necesitas. ¿Es carismática? Si lo único que transmite es accesibilidad, no la vas a percibir como carismática. Es agradable, muy agradable. Pero le falta la otra mitad de la ecuación para llegar a tener verdadero carisma.

Vamos al caso opuesto: ese amigo que tienes que, cada vez que lo ves, te impresiona adónde ha llegado. Controla muchísimo del sector al que se dedica. Tiene un supersueldo y las empresas se lo rifan porque es muy bueno en lo suyo. En cambio, lo sueles ver más bien poco porque es prácticamente inaccesible. Siempre está ocupado. Y cuando quedáis, el encuentro suele ser breve porque no tenéis mucho tema de conversación e incluso a veces se pasa un poquito de presumido sin pretenderlo. ¿Impresiona? Pues sí, impresiona. Pero tampoco podríamos decir que es carismático, porque carece del otro ingrediente en la fórmula del carisma.

Estos ejemplos son exagerados, únicamente con el objetivo de caricaturizar los extremos para que consigas ver con claridad la importancia de ambos componentes. La accesibilidad sin autoridad es fácil que te resulte agradable. La autoridad sin accesibilidad es fácil que te impresione, o incluso que llegue a generarte algo de envidia. Pero el cóctel perfecto de accesibilidad y autoridad es lo que te va a convertir en una persona carismática y con un impacto poderoso.

La casuística de la accesibilidad

Vamos a ver qué ocurre cuando eres una persona que transmite una buena accesibilidad, pero está más floja en materia de autoridad.

A nivel profesional, es probable que seas bueno a la hora de trabajar en equipo. Eres una persona afable con quien es fácil tratar y llevarse bien, de modo que no generas conflictos a la hora de trabajar con otras personas. Sueles tener buena relación con tus compañeros e incluso llegas a formar amistades en el trabajo. A nivel social, tú percibes que a la gente le gusta hablar contigo. Caes bien.

Pero todo esto tiene una contrapartida. La gente te valora como alguien muy amistoso..., pero tal vez poco impresionante. Puede que te valoren como una persona dulce..., pero no les llame la atención tu inteligencia, porque la imagen que transmites no pone el foco en eso. Y definitivamente te percibirán como alguien bondadoso..., pero no necesariamente como alguien competente. Porque de nuevo, tu imagen está fundamentalmente orientada a la accesibilidad.

Y esto se acaba traduciendo en una serie de problemas o dificultades relacionadas con el impacto que generas. Por ejemplo, es posible que hayas notado que la gente no suele tomarte en serio. Mucha broma, mucha amistad, pero a la hora de seguir un plan o decantarse por una idea, es habitual que la tuya no sea la elegida.

A nivel profesional, puede que notes que tienden a interrumpirte cuando hablas. O incluso que no te tienen en cuenta a la hora de tomar una decisión. Y cuando la cosa se pone muy profesional, tiendes a ser ignorado o incluso olvidado, no percibido. Eres la persona a quien no suelen pedir opinión. Y cuando intentas aportar, notas que no están valorando tu aportación igual que valoran otras.

A nivel social, la gente interactúa contigo y les gustas, pero no llega nadie a pedirte tu tarjeta profesional o tu número de teléfono para encargarte un trabajo. Y cuando te encuentras con alguien después de tiempo, suele ocurrirte que no recuerda tu nombre. O, peor aún..., que no te recuerda a ti.

¿Sientes que algo de esto que estoy diciendo te representa? Si es así, podría significar que eres una persona que transmite una buena accesibilidad, pero que carece de autoridad en el impacto que genera. Y esto es algo que vamos a trabajar, de modo que prepárate para mejorarlo.

La casuística de la autoridad

Vamos ahora a ver qué ocurre cuando eres una persona que transmite una buena autoridad, pero está menos fuerte en materia de accesibilidad.

A nivel profesional, es probable que seas tomado en serio con facilidad. Tus opiniones son escuchadas y tu conocimiento y experiencia son valorados. Habitualmente acabas liderando iniciativas y proyectos, tanto porque la gente confía en que eres la persona correcta para ese rol como porque surge de forma espontánea. Tengas o no una posición de liderazgo, a menudo eres tratado como si la tuvieras. Los otros profesionales te perciben como un líder. Tiendes a impresionar a otros fácilmente y sueles generar un halo de admiración en torno a ti. Y a nivel social, eres una persona creíble. Las otras personas confían en tus decisiones y opiniones y no sueles ser cuestionado.

Sin embargo, tenemos la otra cara de la moneda también. Porque la gente te valora como alguien inteligente..., pero no siempre ven en ti a alguien a quien se puedan acercar con comodidad. Te perciben como a alguien profesional e incluso te siguen como a un líder, pero no les apetece tanto tenerte como compañero de equipo. Y se forman la imagen de que eres alguien importante, de algún modo poderoso, pero no dirían que eres el más amable.

Y todo esto desemboca en un impacto interpersonal con varias limitaciones y dificultades. Por ejemplo, probablemente te cueste conectar con las personas, hacerlas sentir cómodas y a gusto contigo. Es posible que notes que tiendes a intimidar a otros fácilmente y ser percibido como alguien un poco frío e incluso distante. A las personas les resulta algo difícil hablar contigo, pues sienten que podrían chocar contra un muro si lo intentaran.

Tú mismo notas que tienes ciertas limitaciones sociales a la hora de trabajar en equipo. Tal vez sea que te cuesta comunicarte de forma amable, quizá sea que eres tan perfeccionista que todos acaban estresados, o a lo mejor que tiendes a valorar tu punto de vista como más acertado que el de otros... Esta dificultad para el trabajo en equipo puede tomar muchas formas, pero generalmente se presenta en alguna o varias de estas.

Incluso cuando eres tú quien lidera el equipo, es posible que hayas notado que la comunicación no fluye todo lo bien que querrías. Por ejemplo, algo habitual en líderes con mucha autoridad, pero muy poca accesibilidad es que los miembros del equipo no le comunican las necesidades o las dificultades a las que se enfrentan en la ejecución de sus funciones. Casi como si temieran una reacción negativa o como si no quisieran decepcionar o parecer menos competentes. Un líder sin accesibilidad suele no enterarse de lo que realmente ocurre en el equipo. Y eso puede dar como resultado pequeñas catástrofes laborales de forma cotidiana.

En el terreno social, si tu nivel de accesibilidad está bajo pero muestras una elevada autoridad, es probable que estés encontrando dificultades notables para que la gente se abra a ti. Es posible que tus amistades sean más o menos numerosas, pero no demasiado profundas. Y también incluso que, a nivel emocional, tiendas a ser la parte pasiva de la ecuación, pues no te sale natural el abrirte, mostrarte vulnerable y conectar.

¿Te sientes identificado con algunas cosas de las que he comentado? Si es así, podría significar que eres una persona que transmite una buena autoridad, pero que no transmite accesibilidad ni calidez.

Pero tengo una muy buena noticia para ti, que probablemente valores mucho el seguir siendo admirado y percibido como alguien competente e incluso poderoso de algún modo. Vamos a trabajar en perfeccionar tu impacto. Y para ello no vas a tener ni que renunciar a tu credibilidad ni que fingir ser una persona más amistosa o divertida. Vas a seguir siendo tú mismo y seguirás impresionando, también continuarás siendo admirado. Pero vas a saber exactamente cómo transmitir carisma para impactar de forma poderosa en tus interacciones.

Objetivo: Carisma

Ya hemos visto los puntos fuertes y las principales dificultades, tanto de las personas con alta accesibilidad pero baja autoridad como de quienes transmiten una alta autoridad pero baja accesibilidad.

¿Cuál es entonces el objetivo que vamos a perseguir en este paso? El objetivo es elevar tu carisma. Porque cuanto mayor sea tu carisma, más potente será tu impacto en otras personas y más herramientas manejarás a nivel profesional y social. Y para conseguir elevar tu carisma, lo que tenemos que hacer es trabajar en elevar tu factor débil. O incluso trabajar en elevar ambos, si sientes que realmente estás flojo tanto en accesibilidad como en autoridad.

Lo habitual es que tiendas hacia una de las dos características. Y salvo en los excepcionales casos de personas que son naturalmente carismáticas (que también las hay, aunque son infrecuentes), lo más probable es que tengas buen nivel en una de las características pero mal nivel en la otra. Es una tendencia que se suele presentar con frecuencia.

Probablemente a estas alturas tú ya tengas más o menos claro cuál es tu factor fuerte y cuál es tu factor débil. Bien, pues nuestro objetivo en este paso es elevar ambos factores para incrementar tu carisma.

De este modo, serás percibido y tú te sentirás como competente para liderar, pero también serás bueno trabajando en equipo, con iguales. Y sabrás exponerte de forma natural generando admiración e incluso impresionando, pero también serás capaz de conectar genuinamente con tus jefes, con tus clientes, con tus compañeros de trabajo y con otras personas a nivel social.

El objetivo de este paso es que tú llegues a ser una persona carismática. Es decir, alguien que transmite una elevada accesibilidad y también una elevada autoridad. Alguien con un muy buen cociente social que, como probablemente recuerdas, es el que mide tu nivel de inteligencia interpersonal.

Vas a conseguir ser percibido como accesible y también competente. Como inteligente y también agradable.

Los dos moduladores

A lo largo de todo este proceso de entrenamiento de impacto vamos a estar incidiendo en los dos factores del carisma: la accesibilidad y la autoridad. De modo que tú tendrás dos moduladores o diales imaginarios que irás regulando para aumentar la intensidad de la accesibilidad o de la autoridad según convenga al objetivo que persigas en cada situación.

Porque la clave va a ser que tú dispongas de los recursos y herramientas necesarios para elevar uno u otro. Y luego los irás modulando en función de lo que necesites.

Por ejemplo, la combinación de accesibilidad y autoridad que querrás transmitir en un evento social informal (una cena familiar o un cumpleaños) va a ser muy diferente de la que querrás transmitir durante una negociación profesional. Y también serán distintas de las que te convendrán en una entrevista de trabajo o a la hora de resolver un conflicto con un colega.

Tú tienes tus objetivos definidos desde el capítulo anterior. Tienes objetivos a diez años vista, objetivos a un año vista y también tienes un objetivo específico para el transcurso de este proceso. En relación con ellos, vas a definir también cómo vas a manejar tus dos moduladores de accesibilidad y autoridad para generar el impacto que te interesa en cada situación.

Absolutamente todas las destrezas que vamos a trabajar a lo largo de este libro inciden en ambos factores, de modo que prepárate para dominarlos. Vas a acabar siendo un nuevo tú con un impacto interpersonal optimizado.

Pero es posible que a estas alturas te estés preguntando en qué punto te encuentras ahora. De forma intuitiva, seguro que tienes bastante claro si tiendes más a la accesibilidad o a la autoridad. Pero vamos a realizar un diagnóstico sencillo para confirmar. Primero te voy a contar el resultado de una investigación interesantísima, y luego vamos con el test.

Carisma y liderazgo

Como parte de su profundo trabajo de análisis en torno al liderazgo, Daniel Goleman llevó a cabo una investigación muy interesante acerca de los estilos de líderes, las condiciones en que cada estilo se vuelve más efectivo y de qué modos se obtienen mejores resultados en los equipos.

A grandes rasgos, concluyó que existen seis estilos de liderazgo principales, que se pueden presentar de forma más o menos exclusiva o combinada. Los estilos son los siguientes:

Estilo coercitivo

También llamado «estilo autoritario» o «estilo autocrático». El estilo coercitivo es el menos eficaz de todos los estilos de liderazgo en la mayoría de las situaciones. Los líderes coercitivos tienden a exigir una sumisión inmediata por parte de su equipo, esperan que sus órdenes sean acatadas incondicionalmente sin necesidad de dar explicaciones.

Como aspectos negativos más destacados nos encontramos una toma de decisiones extremadamente vertical, la incapacidad de las personas lideradas para actuar por iniciativa propia, la pérdida del sentido de la propiedad y la falta de responsabilización del equipo respecto de su propio desempeño. Además, este estilo perjudica el sistema de recompensas al focalizar su atención en los refuerzos negativos, dejando de lado los positivos, e intoxicando así el estado de ánimo y el clima emocional de la organización en general.

Los aspectos positivos del estilo coercitivo los encontramos en su gran potencialidad para romper los hábitos erróneos y sustituirlos por nuevos hábitos más adecuados. Es un estilo especialmente eficaz después de una emergencia o con equipos problemáticos, así como cuando se crea una empresa nueva o se pretende producir un gran cambio en los hábitos de la organización. El liderazgo autoritario es notablemente efectivo a la hora de proporcionar una orientación clara a un grupo.

En materia de carisma, como imaginarás, es un estilo que explota el ingrediente de la autoridad, pero que se olvida por completo del otro elemento esencial: la accesibilidad. Se trata de un líder clásico, de los que aplican a rajatabla la teoría de Maquiavelo y se guían por el código que dice «es mejor ser temido que ser amado». Aunque el estilo coercitivo puede ser útil en determinadas circunstancias, no impacta de forma carismática en las personas. A nadie le gustan las imposiciones ni las coerciones, de modo que a nadie le agradan los líderes coercitivos.

Estilo orientativo

Es también llamado estilo visionario. El lado bueno del estilo de liderazgo orientativo es, sin duda, su efecto en el clima de trabajo. El líder orientativo tiene una fuerte visión, motiva a las personas, les explica la importancia de su trabajo para un fin mayor y consigue altos niveles de compromiso. Tiende a dar libertad de acción a las personas que lidera para que sean ellas quienes decidan innovar, experimentar y asumir riesgos controlados.

Este estilo visionario dirige el clima emocional del entorno de trabajo positivamente y transforma integralmente el espíritu de la organización. Sin embargo, y aunque es el líder quien determina la dirección que debe seguir el equipo, no impone una forma de trabajo estandarizada y deja espacio para la innovación, la experimentación y la asunción de riesgos calculados. Tal y como lo expresa el propio Goleman, «la sensación de que todos contribuyen al objetivo común alienta el compromiso del equipo y hace que las personas se sientan orgullosas de pertenecer a la organización».

El lado no tan positivo se presenta cuando el líder ejerce su liderazgo con un equipo de personas con mayor pericia o conocimiento que él, ya que en esos casos no es tomado en serio con la misma facilidad.

La investigación realizada por Goleman, Boyatzis y McKee con 3.871 ejecutivos concluyó que, considerado de modo global, el estilo visionario es el más eficaz de los seis estilos de liderazgo.

Y es que esta investigación llega a conclusiones que se alinean con las que Amy Cuddy extrajo con su propio estudio: la autoridad y la accesibilidad deben ser combinadas y, de ambas, la accesibilidad debe caminar delante.

El estilo orientativo se basa, fundamentalmente, en la transmisión de accesibilidad, pero lo hace desde una imagen y posición de autoridad, desde el conocimiento y la experiencia. Por esa razón, precisamente este estilo de liderazgo cojea cuando se pierde la autoridad, es decir, cuando ese conocimiento y experiencia son percibidos como inferiores a los de las personas a quienes se pretende liderar. En ese caso, nos quedaríamos únicamente con el ingrediente de la cercanía, y ya sabemos que por sí solo tampoco genera carisma ni influencia, como ocurre en el estilo siguiente.

Estilo afiliativo

También llamado «liderazgo paternalista». Un líder afiliativo genera vínculos emocionales y armonía con el equipo y entre los miembros del mismo.

Las mayores ventajas del estilo de liderazgo afiliativo residen en la importancia que se da a las personas y a sus emociones por encima de las tareas y las metas; se procura que las personas estén contentas en la organización y que convivan en armonía. Se trata de un estilo que fomenta la flexibilidad en el trabajo, permitiendo la experimentación y aportando grandes dosis de feedback positivo.

El mayor punto fuerte de los equipos liderados de modo afiliativo es el gran sentimiento de pertenencia y el apoyo a la hora de mostrar y recibir muestras emocionales en público. Aunque como motivador directo, el liderazgo afiliativo está un poco limitado, este tiene un impacto más que positivo en el clima del grupo.

Sin embargo, el principal inconveniente del estilo afiliativo radica en su enfoque de elogio casi exclusivo, donde el feedback constructivo apenas tiene presencia. Es un tipo de líder que puede pecar de adulador, y eso provoca que las personas se formen una imagen débil y poco profesional donde la autoridad y la competencia están ausentes.

Explica Goleman que «cuando el líder confía exclusivamente en el estilo afiliativo está cometiendo un grave error porque, en ese caso, la importancia del trabajo pasa a un segundo plano por detrás de los sentimientos». El equipo se lo pasará muy bien trabajando (o no trabajando), pero los objetivos peligran y la imagen del líder carece de fuerza, de impacto.

Estilo democrático

También llamado «liderazgo participativo». El rasgo más característico de los líderes democráticos es que crean consenso mediante la participación de las personas implicadas en la toma de decisiones.

Lo mejor del estilo democrático es que las trabajadoras y trabajadores tienen el derecho a dar su opinión en las decisiones que les afectan. De este modo, el líder impulsa la responsabilidad y la flexibilidad en el trabajo.

En el lado opuesto, el mayor inconveniente de este estilo de liderazgo es la falta de eficiencia y pérdida de tiempo que supone la realización de constantes e interminables reuniones para debatir cada pequeño aspecto.

Al igual que ocurre con el estilo afiliativo, se trata de un estilo con una fuerte accesibilidad, pero con una autoridad escasa. Esto puede solucionarse con una combinación de estilos, para evitar que el exceso de diálogo y participación minen la eficacia del equipo y del líder.

Estilo ejemplar

También llamado «liderazgo imitativo», «timonel» o incluso «liderazgo marcapasos». El líder ejemplarizante sirve de modelo de actuación a su equipo y espera rendimiento y autonomía por parte de este.

El mayor punto fuerte del estilo de liderazgo ejemplar radica en los altísimos estándares de desempeño, puesto que el propio líder es altamente eficiente y exige lo mismo de las personas que trabajan en el equipo que lidera. Se trata de un estilo que funciona bien cuando existe un alto grado de motivación, competencia y autonomía por parte de los miembros del equipo.

El punto débil de este estilo es la destrucción del clima. Los altos niveles de exigencia eliminan la flexibilidad, centran demasiado la dinámica del grupo en los resultados y las personas no se sienten a gusto, con lo que un uso inadecuado de este estilo de liderazgo puede dar lugar a un clima de trabajo opresivo.

Sus principales características son unos muy elevados niveles de excelencia, la intolerancia del bajo rendimiento y las dificultades para la delegación.

Como imaginarás, del mismo modo que ocurría en el caso del líder coercitivo, en este estilo la autoridad es fuerte, pues el líder transmite absoluta competencia y profesionalidad. Sin embargo, la accesibilidad cojea, ya que el líder se limita a hacer exhibición de su competencia y esperar que las demás personas imiten su forma de trabajar, sin mayor esfuerzo por acercarse, ayudar con las dificultades o tratar de comprender el punto de partida de cada uno.

Estilo formativo

También llamado «coaching» o «estilo capacitador». Los líderes formativos guían a sus subordinados en la identificación de sus fortalezas y debilidades y en la vinculación de estas con sus aspiraciones personales y profesionales. Contribuyen al desarrollo de las personas para el futuro. Animan a los miembros de su equipo a establecer metas individuales y trazar planes para alcanzarlas.

Son expertos delegando y dan feedback constructivo para promover la mejora constante de su equipo humano. El impacto de este estilo sobre el clima y el desempeño es muy positivo, repercutiendo igual de positivamente en la motivación de los trabajadores. Se centra en el desarrollo de las personas más que en el cumplimiento de tareas, pero este desarrollo se refleja en un cumplimiento de las tareas más satisfactorio.

Sin embargo, este estilo de liderazgo suele fracasar cuando las personas no están suficientemente motivadas o necesitan demasiadas indicaciones y dirección. Tampoco funciona cuando la persona que ejerce el liderazgo carece de la suficiente experiencia o sensibilidad.

En definitiva, como explica Goleman, el empleo de un estilo formativo de liderazgo «no solo promueve el desarrollo de las competencias de las personas, sino que también aumenta su confianza y estimula su autonomía, con la consiguiente mejora del rendimiento».

Este es también (como ocurría en el caso del liderazgo orientativo), un estilo fantástico desde el punto de vista del impacto interpersonal. Se trata de una excelente combinación de autoridad y accesibilidad que no solo consigue transmitir carisma, sino que también logra resultados exitosos en el equipo y en el desarrollo de sus miembros.

Goleman explica que cada uno de los estilos de liderazgo se relaciona con unas determinadas competencias de inteligencia emocional y que, de este modo, para desarrollar un estilo concreto en un líder, lo que se debe hacer es trabajar las competencias emocionales específicas de ese estilo. Esto es beneficioso para el ejercicio del liderazgo, puesto que los resultados de un líder dependerán en gran medida de su habilidad para utilizar en cada situación concreta el estilo de liderazgo que mejor convenga. Afirma el autor que los mejores líderes (que también son los más eficaces) son aquellos que se sirven de las seis modalidades diferentes del liderazgo y que saben pasar diestramente de una a otra en función de las circunstancias. Cuantos más estilos sepa aplicar exitosamente un líder, más eficaz será su desempeño y mejores resultados obtendrá.

En esa investigación se vinculaban el carisma y el liderazgo, presentes de forma conjunta en algunos de los estilos. Para el estudio fueron analizados 3.871 líderes. Eran todos diferentes y cada uno ejercía el liderazgo con su estilo personal y con particularidades distintas a los demás. Se analizó qué tenían en común los líderes que eran valorados como más carismáticos. Y se descubrió algo muy curioso.

Por un lado, se confirmó que todos ellos transmitían una elevada accesibilidad y una elevada autoridad. Sin embargo, se encontraron estilos muy diferentes a la hora de transmitir ambos factores. Cada uno de ellos seguía su propia esencia carismática modulando de distinto modo los niveles de autoridad y accesibilidad. En definitiva, descubrieron que el carisma, aunque siempre posee un alto desarrollo de esas dos características, adoptaba diferentes formas y seguía siendo carisma evidente.

Por ejemplo, una persona carismática puede ser el amigo extrovertido y alegre que tienes en mente. Pero también puede ser ese chico introvertido y callado pero poderoso y con conversaciones inolvidables. Y también hay carisma en la personalidad del líder con un carácter presidencial. O en ese compañero fiestero e ingenioso. Y también hay carisma en el gurú que atrae a las personas hacia sus ideas y filosofía.

Las formas que puede adoptar el carisma son infinitas. Por esta razón, no tendría ningún sentido tratar de fingir que eres quien no eres para resultar carismático. Porque tú, siendo como eres, puedes ser extraordinariamente carismático.

Solo debemos encontrar tu esencia carismática, tu carisma natural. Y una vez lo tienes, nos enfocaremos en potenciar los elementos más poderosos a través de las herramientas adecuadas.

El estudio también descubrió que los líderes más exitosos mostraban una muy buena inteligencia emocional y un muy buen cociente social, es decir, inteligencia social. Esto es algo que ya sabíamos, pero nuevamente Goleman nos aporta un respaldo adicional para este conocimiento.

Vamos a perfeccionar las dos cualidades estrella (competencia y accesibilidad) en ti. Y tú vas a llegar a ser capaz de decidir en cada momento qué transmites y cómo impactas en las personas. Vamos ahora con tu diagnóstico de carisma.

Test de carisma

En el test de carisma que te propongo a continuación te vas a encontrar diez bloques con dos afirmaciones cada uno: la afirmación a y la afirmación b. Quiero pedirte que comiences ahora y que lo completes relativamente rápido. Empieza por la primera, escoge qué opción te describe mejor sin pensártelo demasiado y sigue con la siguiente. Y así hasta el final. No te pienses las elecciones demasiado ni escojas lo que te gustaría que fuese cierto. La sinceridad es vital en este paso, pues de lo contrario, todo tu trabajo a partir de este momento se vería contaminado por ese error de diagnóstico.

Piensa en cómo eres tú habitualmente. Y escoge una sola opción. Incluso en los bloques donde dudes mucho, escoge una basándote en lo que te diga tu intuición. Toma nota de cada opción correcta escribiendo en tu libreta o en un trozo de papel la letra «a» o la letra «b» en función de tu elección para cada par de afirmaciones.

Par de afirmaciones 1:
a) Se me da muy bien animar a las personas, motivarlas y hacerlas sentir bien.
b) A veces doy un poco de miedo a las personas y puedo ser percibido como amenazante; se sienten intimidadas por mí.

Par de afirmaciones 2:
a) Sin duda soy una persona paciente y detallista.
b) Mi punto fuerte es la consecución de resultados, la persecución de objetivos.

Par de afirmaciones 3:
a) A mis compañeros y compañeras de trabajo les gusta colaborar conmigo, se sienten a gusto trabajando en equipo junto a mí.
b) A menudo soy tratado como líder más que como compañero, incluso cuando mi rol no es formalmente el de líder.

Par de afirmaciones 4:

a) La gente tiende a entablar amistad conmigo con facilidad; noto que transmito confianza sin esfuerzo.
b) Suelo ser percibido como alguien muy inteligente y con las ideas claras.

Par de afirmaciones 5:

a) Me suele costar contener mis emociones e incluso disfrazar mis pensamientos; se me nota todo lo que siento.
b) No suelo expresar mis emociones; prefiero gestionarlas internamente en lugar de compartirlas.

Par de afirmaciones 6:

a) Tengo facilidad para ser comprensivo e indulgente con las personas. Genero bienestar.
b) Suelo sentir que otras personas se sienten impresionadas por mí. Genero admiración.

Par de afirmaciones 7:

a) Soy una persona amable, y quien me conoce sabe que suelo estar de buen humor y alegre...
b) Soy un experto en mi materia y sé mucho acerca de varios temas.

Par de afirmaciones 8:

a) Siento que las personas se apoyan y confían en mí como en un amigo, y no necesitan realmente mucha confianza para hacerlo; les sale natural conmigo.

b) Es frecuente que la gente se refiera a mí como alguien que sabe mucho de un tema, un experto, un profesional.

Par de afirmaciones 9:
a) Suelo transmitir calidez y cercanía. Soy agradable.
b) Suelo transmitir profesionalidad y capacidad. Soy admirado habitualmente.

Par de afirmaciones 10:
a) Es habitual que la gente me interrumpa cuando hablo o no preste atención a lo que digo cuando intervengo.
b) A la gente le suele intimidar o resultar incómodo hablar conmigo; no se sueltan con facilidad.

¿Listo? Ahora suma todas las «a» que has elegido por un lado. Y por otro lado suma las «b». ¿Qué letra predomina?

Si la mayoría de tus elecciones fueron la letra «a», tu tendencia es a transmitir accesibilidad en mayor medida que autoridad. Y si tus elecciones fueron, en su mayoría, la letra «b», tu tendencia es a transmitir autoridad en mayor medida que accesibilidad. Si has obtenido dos puntuaciones de 5, significa que transmites por igual accesibilidad y autoridad.

Y con la segunda parte de este ejercicio sí vas a tener que salir un poquito de tu zona de confort, al menos será así para algunas personas. Ya veremos si es tu caso.

Quiero proponerte que pidas a otras personas que realicen este mismo test pensando en ti, en tus rasgos y comportamientos. Cuantas más perspectivas diferentes tengas, mejor. Pero si te hace sentir demasiado incómodo que otras personas te evalúen en tema de carisma, escoge a una sola persona adicional y pídele el favor.

Es muy interesante que dispongas de numerosas perspectivas externas porque eso te va a permitir hacer dos cosas principalmente:

Por un lado, podrás verificar si tu autodiagnóstico es correcto. Ya sabes..., a veces tendemos a idealizarnos y otras veces a infravalorarnos. Las perspectivas externas te darán la visión más neutralizada de tu carisma natural. Y por otro lado, podrás analizar las diferencias entre las respuestas de distintas personas.

Tal vez observes que las personas con quienes trabajas dan respuestas opuestas a las que dan tus amistades o incluso tu familia.

Es información valiosísima sobre tu carisma natural, la que vas a obtener con este ejercicio. Espero, sinceramente, que te animes a hacerlo y que sumes a varias personas a tu perspectiva externa. Es, tal vez, la parte más reveladora de este paso.

Valoración interaccional

Vamos a hacer ahora una práctica muy sencilla y rápida, pero también muy interesante.

Recupera de tu libreta el ejercicio del Círculo de Magnetismo Relacional, donde identificabas a las cinco personas con una mayor presencia en tu vida.

Y una vez lo tengas, valora cuál es la predominancia de cada una de esas cinco personas. Párate a pensar en cada una de ellas: ¿Qué es lo que transmite esta persona de forma predominante? ¿Accesibilidad o autoridad? Si lo necesitas, ayúdate del test para responder preguntas sobre esa persona.

Generalmente, la respuesta rápida e intuitiva a cada valoración suele ser la acertada, de modo que no te lo pienses demasiado. Responde intuitivamente. Tal vez en base a tus valoraciones puedas extraer algún patrón interesante. ¿Tiendes a relacionarte con el mismo tipo de persona? ¿Hay alguna relación entre el factor carismático predominante de esas personas que te rodean y el tuyo propio?

Los eneatipos y el carisma

Tal vez hayas oído hablar alguna vez de los eneatipos de personalidad, o del eneagrama. Los eneatipos son los nueve estilos de personalidad básica que existen, según la técnica de estudio de la personalidad conocida como «eneagrama».

Si es la primera vez que alguien te habla de esto, te recomiendo que busques en internet algún «test de eneagrama» online. Los hay gratuitos y puedes, en unos minutos, tener una idea bastante buena de cuál es tu eneatipo principal. Si te apetece realizar un autoestudio más preciso, fiable y en profundidad, puedes recurrir a un coach que trabaje con esta técnica o echar un vistazo a los libros de Richard Riso sobre el tema.

Se trata de una técnica para estudio de la personalidad de las más fiables y precisas. De hecho, es utilizado en numerosos estudios psicológicos y sociales para analizar la personalidad en relación con otras variables.

Si decides sumergirte en el mundo del eneagrama, verás que existen muchísimos subtipos e influencias dentro de los nueve eneatipos, de modo que, aun teniendo una esencia común, dos personas dentro del eneatipo siete (por ejemplo), pueden ser realmente distintas.

Pero lo que me interesa mostrarte aquí es que también los diferentes eneatipos van a tender hacia uno u otro polo en la escala del carisma. Como te decía, dentro de cada eneatipo existen muchas variantes, de modo que convendría estudiarlo más en detalle, pero para que te puedas hacer una idea general, vamos a ver las correspondencias más habituales entre eneatipos y estilos de carisma.

Te voy a mostrar un repaso rápido por los nueve eneatipos, tal y como los expertos Richard Riso y Russ Hudson los describen en su versión más sana y la relación entre estos y los estilos de carisma.

Eneatipo uno: el reformador

El eneatipo uno es una persona meticulosa, con ideales fuertes y un sentido profundo de lo que está bien y lo que está mal. Le da importancia a la razón, la autodisciplina y la madurez. Su principal rasgo es la búsqueda de la justicia.

El reformador es un perfil para quien no resulta complicado transmitir tanto autoridad como accesibilidad. Generalmente, su tendencia natural dependerá del rol que adopte como reformador. Por ejemplo, un reformador que adopte una actitud juzgadora de los actos ajenos, tendrá dificultades para transmitir accesibilidad. Y uno que adopte una actitud más empática y cercana tenderá, precisamente, hacia la accesibilidad con mayor fuerza.

ENEATIPO DOS: EL AYUDADOR

El eneatipo dos es una persona empática, compasiva, que se interesa por los demás y sus necesidades. Tiende a mostrarse sociable y amistosa o amable. Se caracteriza por su calidez y su sinceridad, por su capacidad para sacar lo mejor de las personas. Es alguien comprensivo y, sobre todo, dedicado. Su rasgo principal es que le resulta vital sentirse de utilidad. Es una persona protectora, generosa, afectuosa.

El ayudador, como imaginarás, tiene tendencia hacia la accesibilidad. Su lenguaje del amor es el servicio, de modo que es alguien que todo el mundo querría tener en su vida, pues aporta calidad, reconforta, ayuda. Para transmitir autoridad, este perfil necesita esforzarse, pues no es su carisma natural. Si eres un ayudador, es probable que la gente acuda a ti más en busca de consuelo y ayuda que de consejos prácticos o profesionales.

Eneatipo tres: el triunfador

El eneatipo tres es una persona enérgica y segura de sí misma, con la autoestima alta. A menudo se trata de una persona atractiva socialmente y popular. Su rasgo principal es la determinación y la decisión. Sabe lo que quiere y va a por ello. Le gusta luchar por alcanzar su mejor versión y el mejor estatus y calidad de vida posibles. Es una persona aplicada y trabajadora y tiende a inspirar a otros hacia la mejora.

El triunfador, aunque muy a menudo presenta un carisma bastante equilibrado, va a tener una tendencia hacia la autoridad, pues antepone sus metas y objetivos a la complacencia, y con frecuencia suscita admiración en otros. Si eres un triunfador, es probable que seas la persona a quienes otros miran en busca de inspiración y pautas a imitar, aunque a menudo parecerás en cierto modo inalcanzable.

Eneatipo cuatro: el individualista

El eneatipo cuatro es una persona consciente de sí misma, introspectiva, dedicada al autodescubrimiento, sensible e intuitiva. Con los demás es amable, prudente y compasivo, aunque presta más atención a la autoexpresión y al desarrollo de la creatividad que a cultivar relaciones.

El individualista tiende a transmitir mayor autoridad que accesibilidad, pues no es una persona especialmente complaciente. Al prestar más atención a sí mismo que a las relaciones personales, establece una barrera implícita. Si eres una persona individualista, es probable que las personas tiendan más a observarte desde la distancia, a veces con cierta admiración, pero sin excesiva implicación.

ENEATIPO CINCO: EL INVESTIGADOR

El eneatipo cinco es una persona observadora, analítica y preocupada por comprender y conocer. Es curiosa, inteligente, previsora y a veces obsesiva con los detalles y el conocimiento.

El investigador también tiende a transmitir autoridad y, a menudo, la accesibilidad le resulta complicada. Le interesan más los datos que las emociones, y eso se traslada a un comportamiento con poca calidez. Si eres un investigador, es probable que la gente te busque cuando necesita tu punto de vista sobre una cuestión, pero no tanto para obtener consuelo en un momento triste.

ENEATIPO SEIS: EL LEAL

El eneatipo seis es una persona con una muy buena capacidad para conectar con los demás y establecer vínculos. Valora mucho la confianza, la fidelidad y la estabilidad en las relaciones y los ideales. Es responsable, confiable y con una gran capacidad de sacrificio.

El leal tiende a transmitir una gran accesibilidad. Es la

personalidad detonadora de serotonina por excelencia, pues es muy fácil para el leal hacer sentir a los demás que están en el mismo equipo. Si eres un eneatipo leal, las personas tenderán a dar por hecho tu apoyo y tu presencia, y puede que a veces te demuestren de menos lo importante que eres.

ENEATIPO SIETE: EL ENTUSIASTA

El eneatipo siete es una persona receptiva, excitable, extrovertida y vigorosa. Tiende a la espontaneidad, a la alegría y la vivacidad. Suele tener múltiples talentos y mostrar una buena productividad y a menudo se encuentra en estado de admiración por la vida y las posibilidades.

El entusiasta lo tiene fácil para transmitir accesibilidad, pues es puro positivismo. Y en cuanto a la autoridad, no la transmitirá de forma tan espontánea y sencilla como la accesibilidad, pero no se le resiste demasiado, sobre todo cuando su entusiasmo se materializa en éxito y resultados visibles.

ENEATIPO OCHO: EL DESAFIADOR

El eneatipo ocho es una persona asertiva, segura de sí misma, fuerte, capaz de conseguir lo que se propone. Suele ser ingeniosa, diligente, apasionada, decisiva y dominante. Es el eneatipo del liderazgo natural, de la heroicidad. Y suele tener baja tolerancia ante la debilidad y la falta de determinación.

El desafiador transmite pura autoridad, y solo cuando lo trabaja y se esfuerza consigue transmitir accesibilidad. Si tú eres un desafiador, habrás notado que a menudo provocas admiración e incluso intimidación. Es probable que hayas percibido que la gente tiende a no llevarte la contraria, pues tiendes a ser percibido como incuestionable.

ENEATIPO NUEVE: EL PACIFICADOR

El eneatipo nueve es una persona receptiva, tolerante, desinhibida, emocionalmente estable y tranquila. Tiende a ser alguien inocente y sencillo, feliz con la vida y conformista. Muestra paciencia, imaginación y creatividad, es bueno tranquilizando y comprendiendo los puntos de vista de las personas.

El pacificador transmite accesibilidad allá donde va. La autoridad, en cambio, no es su fuerte y, para llegar a transmitirla, necesita trabajar en ella de forma estratégica.

¿Has identificado tu eneatipo con estas brevísimas descripciones? Si te interesa el tema, te recomiendo que hagas el estudio en mayor profundidad, pues se trata de un ejercicio de autoanálisis tremendamente enriquecedor.

Con el foco puesto en las fortalezas

A la hora de desarrollar tu carisma, vamos a partir siempre de tus fortalezas, de tus puntos fuertes. ¿Por qué vamos a hacerlo así? ¿Por qué no trabajamos directamente en los puntos débiles para equilibrar el carisma, que es de lo que se trata? Pues porque si desde el principio ponemos el foco en las debilidades, lo que tú vas a estar haciendo es trabajar de forma frustrante en torno a algo que te va a resultar desagradable. ¿Y para qué? Tal vez para conseguir seguir siendo igual de bueno en lo que ya eras bueno y llegar a ser ligeramente mejor en lo que no eras tan bueno.

Por ejemplo, imagínate que algo en lo que no eres bueno es en las negociaciones. Tienes que negociar y te pones nervioso, te sientes inseguro. Pues imagínate ahora el panorama si yo te animo a que te pongas a practicar una nueva destreza enfocada en el lenguaje corporal cuando estás en una negociación. Desastre. La destreza no la desarrollarías porque todo sería demasiado caótico e incómodo, y para más inri, la negociación saldría peor, porque estarías prestando atención a muchas cosas a la vez.

No tiene sentido trabajar así tu impacto. Porque precisamente tú vas a impactar con más fuerza haciendo uso de aquello que te hace único. Y si tienes un punto fuerte pero pones el foco en el punto débil, vas a tener un impacto tembloroso e inseguro.

En cambio, si tomas tu punto fuerte y lo haces brillar, ya solo con eso impactarás con contundencia. Pero es que progresivamente irás incorporando ingredientes concretos de tus puntos débiles que vayan estando listos para ser aplicados. Y así es como, poco a poco, irás construyendo una imagen y una comunicación potentes y que sabrás adaptar a las circunstancias en cada situación... y a tus objetivos en cada situación.

Modulación de factores

A estas alturas ya tienes bastante claro, me imagino, cuál es el factor al que tiendes de forma natural. Pues cuando termines de leer y aplicar todo lo que te explico en este libro, vamos a llegar al punto en que tú puedas modular los dos factores para combinarlos como más te interese.

¿Por qué querríamos modular nuestra accesibilidad y nuestra autoridad en diferentes situaciones? ¿No es más fácil optar por un estilo de carisma que nos salga de forma natural y llevarlo puesto a todas partes? Sin duda, es más fácil si hacemos eso, sí. Pero no es, ni de lejos, igual de efectivo que si aprendemos a subir y bajar el volumen de ambos factores de nuestro carisma. Vamos a ver tres supuestos en base a los cuales nos conviene ganar fluidez a la hora de elevar y relajar nuestros niveles de autoridad y accesibilidad:

1. Para alcanzar objetivos.
2. Para construir rapport.
3. Para experimentar.

Te cuento exactamente de qué modo nos conviene modular nuestro carisma para cada uno de esos tres supuestos.

Para alcanzar objetivos

Por un lado, esas modulaciones atenderán a cuál es tu objetivo en una situación concreta. Y tan importante como saber modularlos es saber cuándo y cuánto modularlos.

Por ejemplo, eres líder de un equipo y en un momento dado un miembro nuevo del equipo te falta al respeto. Independientemente de que tu tendencia natural pueda a ser a ejercer un liderazgo accesible, en ese momento lo que vas a hacer es bajarle el volumen a la accesibilidad y subírselo a la autoridad. Y podrás hacerlo sin ápice de agresividad. Simplemente escogiendo las palabras, el lenguaje corporal, el tono de voz... ¿Por qué modularás los factores de ese modo? Pues porque es momento de marcar límites. Y si te mostraras más accesible ante una falta de respeto, estarías dando el mensaje de que eso es algo que estás dispuesto a tolerar.

Puede incluso que tengas que llegar a hacer modulaciones rápidas a lo largo de una misma situación para cumplir tu objetivo. Por ejemplo, imagínate que te presentas a una entrevista de trabajo y, por el tipo de puesto al que optas, valoras que lo que más te conviene transmitir es autoridad, tal vez porque es un puesto importante que va a implicar toma de decisiones y quieres que el entrevistador te perciba como un candidato competente.

Sin embargo, en un momento concreto de la entrevista, el entrevistador hace un comentario un poco más personal. Por ejemplo, hace una broma o menciona algo que siempre le decía su padre cuando era niño. En ese momento, a ti te va a convenir subirle el volumen a tu accesibilidad y seguir manteniendo el volumen alto en autoridad porque sabes que está evaluando cada cosa que dices y haces. De modo que responderás a su broma mostrando buen humor y deján-dole ver que, además de ser competente, eres alguien con quien es agradable trabajar.

Para construir rapport

Tal y como lo explica la psicóloga Laura Palomares, el rap-port es un tipo de interacción en tiempo real en el que ambas partes están sincronizadas, psicológicamente «en sintonía». Esto implica que el intercambio de información verbal y no verbal que se produce entre ellas tiene lugar de manera fluida y espontánea, dado que hay una conexión tanto intelectual como emocional.

Además de modular tu accesibilidad y autoridad de acuerdo a tus objetivos, también lo harás para generar rap-port con otras personas, para hacerlas sentir que estáis en el mismo equipo, incluso cuando no tienes ningún tipo de objetivo en relación con esas personas. Pero serás una per-sona mucho más carismática si haces ese pequeño esfuerzo.

Por ejemplo, imagina que tu tendencia natural es a la autoridad. No es que no seas una persona agradable, pero tiendes a ser más firme, no tan cálido y cercano como otras personas. Pero estás en un evento y, de repente, te ves hablando con una persona alegre y espontánea. Incluso la notas un poquito nerviosa por la incomodidad que genera estar en un evento donde no conoces a nadie. Y ahí estás tú, con toda tu autoridad ante ese pajarillo nervioso y vulnerable. Bájale volumen a tu autoridad. Relaja un poco el cuerpo, sonríe y haz algún comentario que os haga reír. Intenta acercar tus niveles de accesibilidad y autoridad a los de la otra persona. ¿Para qué? Pues simplemente para que se sienta bien contigo. Porque cuando sepas hacerlo no te costará nada y esa interacción será mucho más agradable.

PARA EXPERIMENTAR

Finalmente, otra razón por la que modularás tu accesibilidad y autoridad es para experimentar.

No todo está estudiado y ni siquiera lo que sí lo está es aplicable a todas las personas y circunstancias. De modo que en cuanto empieces a dominar la modulación de los dos factores, lo harás para ver qué ocurre. Para mejorar en base a tus propios resultados.

Por ejemplo, imagina que todos los años te invitan como ponente a hablar sobre tu especialidad ante una audiencia determinada. Te puedo poner un ejemplo personal. Yo suelo asistir todos los años como ponente a un programa de formación en liderazgo para personas con un rol de coordinación en centros educativos concertados, en España.

Tal vez el primer año llego con la imagen de que, si son personas que quieren capacitarse en liderazgo, debo transmitir autoridad, porque probablemente esa sea también su tendencia natural. Es una suposición con la que yo llego porque, estadísticamente, sé que hay más líderes con tendencia a transmitir autoridad que a transmitir accesibilidad.

De modo que mi primer acercamiento será muy profesional, transmitiendo competencia y conocimiento. Sin embargo, a medida que llevo allí un rato, veo que el ambiente del grupo de alumnado es muy distendido y cercano. No tiene sentido enfocarme en transmitir pura autoridad. Tengo que bajarle un poquito y subirle a la accesibilidad. Y, en efecto..., la cosa va infinitamente mejor.

El año siguiente pruebo a arrancar ya de forma más cercana y accesible, sin perder la autoridad. Y veo que todo va incluso mejor porque esa accesibilidad estaba presente ya desde la primera impresión que recibieron de mí.

Y así, poco a poco, vas testando, modulando tu accesibilidad y tu autoridad para llegar a tus propios resultados.

Sea como sea, suele funcionar bien ajustar tus niveles a los de la otra persona. ¿Sabes por qué? Porque en el momento en que el subconsciente de la otra persona percibe que tus niveles se adaptan a los suyos, se siente valorado. Y en ese momento, el cerebro libera oxitocina. ¿Recuerdas? La hormona que hace que la otra persona se sienta apreciada y conectada contigo.

Poco a poco iremos aprendiendo a modular los factores de accesibilidad y autoridad. Hasta ahora hemos aprendido el papel que juegan, en qué situaciones querremos subirle el nivel a uno o al otro e incluso hemos diagnosticado cuál predomina en ti de forma natural.

En el proceso de entrenamiento que abarcamos en este libro trabajaremos dos elementos principales. Por un lado, el lenguaje verbal. Es decir, la psicología de las palabras, el comportamiento y el conocimiento que transmitimos. Y por otro lado, el lenguaje no verbal. Es decir, lo que transmitimos con el cuerpo, con nuestras expresiones faciales e incluso con la voz.

Esto se está poniendo emocionante. Espero que lo estés disfrutando.

Cómo ser una persona más agradable

Cuando tu carisma natural tiende de forma evidente hacia la accesibilidad, llegar a transmitir autoridad requiere trabajo y entrenamiento. Sin embargo, cuando la situación es a la inversa, cuando tu tendencia natural se inclina de forma notable hacia la autoridad, llegar a transmitir accesibilidad es incluso más complicado. Si tú eres una de esas personas, probablemente no necesitas que te lo explique ya que lo habrás vivido en tu propia piel: la accesibilidad parece fingida, no sale de forma natural; queda artificial, aparatosa e incómoda.

De modo que vamos a ver de forma rápida alguna pauta sencilla para comenzar a hacer pruebas durante los próximos días.

Hay quienes piensan que eso de transmitir accesibilidad y calidez, en definitiva, de ser agradable, es algo innato. Y la verdad es que nacemos con un carácter y hay ciertos caracteres que resultan más agradables que otros. Pero eso no determina nada. Simplemente condiciona que te resulte más o menos fácil conseguir ser una persona agradable a los demás, que los demás quieran acercarse a ti, abrirse a ti, estrechar lazos contigo. Si nada de eso te ocurre de forma natural, vas a necesitar aplicar algunos trucos para ser una persona más cercana y agradable (al menos, cuando consideres oportuno subirle el volumen a tu accesibilidad).

John Maxwell habla de esto en su libro *Los 5 niveles de liderazgo*. Lo menciona cuando explica el segundo nivel de liderazgo. Ese es el nivel en que el líder debe ganarse a las personas de su equipo para que realmente lo acepten y lo vean como a un líder y no simplemente como a un jefe. Es decir, se trata del momento en que conviene reducir un poquito la autoridad para acercarse a las personas del equipo.

Pues en ese momento, a una persona sí puede convenirle especialmente resultar agradable a su equipo. Maxwell nos recomienda seguir estas cuatro pautas para ser más agradables, no solo como líderes, sino en la vida, cuando nos interese transmitir una mayor accesibilidad:

1. Toma la decisión de preocuparte por otros. Acercarte a las personas y preocuparte por ellas es una decisión que está dentro de tu control. Si aún no lo has hecho, toma la decisión.

2. Busca algo agradable respecto de cada persona que conoces. Allí se encuentra ese algo. Esfuérzate por averiguarlo.
3. Descubre qué es agradable acerca de ti y haz lo posible por compartirlo con cada persona con quien te topes.
4. Esfuérzate cada día por expresar lo que te gusta de cada persona en su vida.

Siguiendo los cuatro consejos de John Maxwell, definitivamente transmitirás una mayor calidez y accesibilidad.

Desafío: Diagnóstico de predominancia percibida

Este desafío no requiere que abandones la zona de confort, aunque sí que implica un nivel considerable de atención y dedicación.

Se trata de que hagas precisamente lo que te proponía en el apartado «Valoración interaccional», pero ampliando el foco de atención. A lo largo de toda una semana empezando ahora mismo, quiero que observes muy bien a toda persona con la que te relaciones y valores qué percibes tú en esa persona de forma predominante. ¿Te transmite accesibilidad? ¿Te transmite autoridad? ¿Dirías que transmite una combinación de ambas donde ninguna predomina?

Trata de analizar, cada día, al menos a diez personas. Y si un día no vas a salir de casa, sustituye a las personas que no te encontrarás en persona por otras alternativas. Por ejemplo, puedes ver una película y analizar qué factor predomina en la imagen que transmiten, al menos, diez de los personajes, o entrar en redes sociales y analizar el carisma de diez influencers o personas conocidas.

Este trabajo es sencillo, pero es muy importante. Porque prestando atención al modo en que otras personas transmiten accesibilidad y autoridad, inconscientemente estás introduciendo un montón de información en tu cerebro acerca de cómo conseguir ambos efectos. Irás integrando en tu ideario del carisma cantidad de referentes y ejemplos concretos que te irán dotando, poco a poco, de recursos que podrás ir aplicando a tu propia situación personal y a tu propio estilo carismático en cada contexto. Disfruta del desafío.

Desafío: Intención de cambio

Vamos con una decisión que va a determinar cómo te enfrentas a todo este proceso de entrenamiento de tu impacto.

Tu objetivo es trabajar y transformar el impacto que tienes en otras personas. De modo que vas a estar implementando pequeños cambios constantemente. Porque de eso se trata una transformación. No solo de aprender, sino imprescindiblemente de aplicar y establecer.

Pero ¿qué ocurre con las personas que ya te conocen? ¿Qué pasa con tu familia, que verá los cambios comportamentales de forma evidente? ¿Qué ocurre con los miembros de tu equipo, que recibirán cada día a un líder o a un compañero de equipo ligeramente distinto al del día anterior? ¿Será algo raro? ¿Se darán cuenta? ¿Deberías hacer algo al respecto?

Pues en este proceso, como yo lo veo, tienes dos alternativas. Y ambas son fantásticas. Así que el desafío que te propongo es que decidas por cuál vas a optar. Te las explico tal y como yo las contemplo.

OPCIÓN 1

Lo comunicas abiertamente. Te diriges a tu equipo y les dices algo como: «Estoy leyendo un libro a través del cual realizo un proceso de entrenamiento de imagen y comunicación y bueno... Estaré probando cosas nuevas durante estos próximos meses. Si notáis alguna diferencia concreta a nivel de interacciones o incluso habilidades sociales, sentíos libres de comentármelo, pues me vendrá muy bien el feedback».

Esta es la opción de la vulnerabilidad. Si tienes una relación cercana y de confianza con tu equipo, es posible que lo veas como una buena forma de aprovechar al máximo el proceso de entrenamiento. Pero si la relación es un poco más formal, imagino que te sentirás incómodo ante la idea de ser tan transparente con esto.

De modo que si ese es el caso, tienes la segunda alternativa.

Vas introduciendo pequeños cambios progresivamente y dejas que noten la diferencia, pero de forma casi inconsciente. Sabrán que se sienten mejor en tu presencia, que conectáis mejor, incluso que les impresionas más o les transmites una mayor profesionalidad. En cambio, tendrán la sensación de que están conociendo facetas tuyas que desconocían. Yo diría que ni por la cabeza se les pasará que estés realizando un proceso de entrenamiento de tu impacto interpersonal.

Supongo que sabes que eres alguien excepcional. Es decir, la mayoría de las personas obtendrían beneficios impresionantes del entrenamiento de su impacto, pero es muy poco habitual que las personas tomemos acción en cuestiones no técnicas. Juegas con una ventaja enorme al haber tomado esta decisión en beneficio de tu impacto interpersonal, espero que lo sepas.

Pues bien..., esas son tus dos opciones. Decide cuál es la tuya. ¿Lo vas a comunicar transparentemente o lo vas a ir integrando gradualmente, de forma discreta y casi imperceptible?

Si optas por ser transparente, este desafío incluye esa comunicación. Cuéntaselo a las personas que te vayan a poder dar feedback durante el proceso. Hazlo oficial. Y si optas por ser discreto, entonces tu desafío se ha terminado con esa decisión.

Decidas lo que decidas, esto va a ser muy fructífero, y también divertido. Decide lo mejor para ti.

3

COLORIMETRÍA Y PSICOLOGÍA DEL COLOR: ¿CÓMO AFECTAN LOS COLORES A TU IMPACTO?

Vamos a iniciar este nuevo y fascinante paso en el entrenamiento de tu impacto interpersonal. Ha llegado el momento de analizar tu colorimetría y de tomar decisiones que te permitan sacarle el máximo partido de cara a tener exactamente el impacto que deseas en las personas.

Este capítulo vamos a dedicarlo a dos tareas fundamentales:

1. Realizar un diagnóstico de tu colorimetría específica.
2. Tomar decisiones para sacarle partido y utilizarla a tu favor.

Como resultado de mi curiosidad creciente por el modo en que los colores impactan en la forma en que somos percibidos, me capacité a través de diversas formaciones y diferentes profesionales y fui descubriendo detalles en torno a la colorimetría que me han resultado vitales a la hora de tomar decisiones sobre el modo en que nos presentamos ante otras personas. La asesora de imagen Annie Maya, de quien yo ya había sido clienta en un proceso de asesoramiento de imagen integral, fue quien me llevó a comprender con precisión la colorimetría, e incluso a apasionarme por esta materia tan importante en relación con nuestro impacto visual. Lo que te voy a contar en este capítulo es una versión resumida de mis aprendizajes con ella (en lo relativo a la colorimetría sobre todo) y otros profesionales.

La mayor parte de los pasos de este proceso de transformación implican tomar decisiones en función del modo en que quieres impactar en otras personas y de la imagen que te interesa comunicar en un momento dado.

Sin embargo, en este paso concreto, una parte importante de lo que vas a querer transmitir no va a depender tanto del contexto o las circunstancias. Aquí de lo que se trata es de que tu aspecto comunique que estás en tu mejor estado, y este detalle va a beneficiar a cualquier objetivo de impacto que te marques.

Puedes dominar tu carisma, utilizar de forma inteligente tus palabras, tu voz, tu lenguaje corporal... Si tu aspecto transmite debilidad, enfermedad, mal estado..., tu impacto se va a ver debilitado, e incluso perjudicado.

En este capítulo vamos a dejar totalmente resuelta esta cuestión. Para que la imagen que transmitas allá donde vayas sea siempre la óptima para maximizar tu impacto.

Con lo que vamos a trabajar es con el color. En función del tono de tu piel, tus ojos, tu cabello... Hay colores que te hacen parecer enfermo, demacrado, y otros que te dan luz, buen aspecto y que incluso potencian tu atractivo físico. Tal vez no te hayas parado a pensarlo de forma explícita, pero el efecto que tienen los colores sobre la sensación de salud o enfermedad que transmites es poderosísimo.

Cada una de esas veces que alguien te hizo el comentario de que tenías mala cara, de que te veías pálido y en cambio tú no te sentías mal..., lo más probable es que fuera por una elección de color inadecuada.

Imagínate por un momento presenciar la presentación de un proyecto importante por parte de alguien cuyo aspecto es demacrado, que parece que no se siente bien. Puede hacerlo de modo impecable en su presentación, en cambio el impacto de su trabajo se verá enormemente perjudicado por esa cuestión subjetiva.

Bien, pues hay colores que te hacen parecer demacrado. Y hay colores que realzan tu atractivo y te dan un aspecto sano. Esto es así para todas las personas. Y en este capítulo vamos a averiguar cuáles son esos colores específicamente para ti.

Los estudios de colorimetría pueden trabajar con diferentes sistemas y clasificaciones. Nosotros vamos a trabajar con el más preciso de todos: la clasificación de las doce estaciones. No vamos a dejar margen de error, para que a partir de ahora salgas a la calle con la confianza y la seguridad de que tu aspecto es óptimo.

Vamos a empezar comprendiendo el papel que juegan

varios elementos importantes en el estudio de la colorimetría. Lo siguiente será identificar tu tipología concreta y asignarte una de las doce estaciones. Hay estudios que trabajan con cuatro estaciones, pero nosotros vamos a eliminar el margen de error que presenta esa clasificación, y vamos a utilizar la clasificación más específica y exacta: la de las doce estaciones. Y finalmente vamos a tomar decisiones determinadas para potenciar tu impacto a través de tu colorimetría concreta. ¡Empezamos a trabajar!

El color

Vamos a comenzar explicando qué es el color, porque esto nos va a facilitar la comprensión de los análisis y decisiones que vengan más adelante en este paso de tu entrenamiento. No vamos a entrar en demasiado detalle, ya que esto es solo una introducción para que luego entiendas mejor de qué hablamos cuando diferenciamos unos colores de otros.

El color es la impresión que producen en la retina los rayos de luz reflejados y absorbidos por un cuerpo, según la longitud de onda de estos rayos.

Esto significa que el color depende totalmente de la luz. Donde no hay luz, no hay colores porque todo es negro. Y a medida que aumenta la luz, más claros se van a ver los colores. Hasta el punto de que si la luz es extrema vuelve a no haber colores porque todo se vuelve blanco.

Colores primarios

Los colores primarios son los únicos que no son resultado de la mezcla de otros colores, y hay solo tres: el amarillo, el azul y el rojo. Son colores intensos y sin matices.

Colores secundarios

Los colores secundarios son los resultantes de mezclar partes iguales de los colores primarios. Y también son tres, porque hay tres combinaciones posibles:

- El verde, que es el resultado de mezclar azul y amarillo.
- El naranja, que es el resultado de mezclar rojo y amarillo.
- Y el violeta, que es el resultado de mezclar azul y rojo.

Colores terciarios

Y nos quedan los colores terciarios, que son los resultantes de mezclar partes iguales de colores primarios y secundarios.

No te preocupes, no vas a necesitar saber si un color es primario, secundario o terciario para aplicar la colorimetría.

Además, para cada color, tenemos diferentes intensidades dependiendo de la cantidad de blanco que haya en el color. Cuanto menos blanco, más oscuro, y cuanto más blanco, más claro.

COLORES NEUTROS

Los colores neutros son los resultantes de mezclar partes iguales de los tres primarios, pero es más sencillo si te digo que los colores neutros son el blanco, el negro y el gris en todos sus niveles de saturación, desde el gris más claro hasta el gris más oscuro.

Test de colorimetría

Vamos ahora a echar un primer vistazo a lo importante para realizar tu diagnóstico de colorimetría: los elementos del color, y cómo se vinculan con tus propios rasgos.

Ten a mano tu libreta para que puedas ir tomando nota de los aspectos importantes que ya vas a poder ir identificando en ti. En algunos de ellos tendrás dudas y otros los verás muy evidentes. No te preocupes. Tú toma nota de lo que vayas observando independientemente de que más adelante en este capítulo puedas matizar o corregir tus propias observaciones iniciales.

Para hacer este test, necesitas colocarte con un espejo delante de una ventana o en algún lugar donde tengas suficiente luz natural. La luz debe ser blanca, no amarilla, de modo que escoge un momento del día temprano o un día nublado.

Ten la cara totalmente limpia y despejada. Si te maquillas, que no haya nada de maquillaje en ese momento. Si tienes el cabello largo, recógetelo. Elimina cualquier color en torno a tu cara, es decir, retira joyas, bisutería y cualquier prenda de color que esté cerca de la cara. Deja el cuello desnudo y, si llevas alguna prenda superior, que sea blanca. En cuanto al color de pelo, debemos analizar el color natural. Si llevas tinte, intenta identificar los elementos que vamos a ver pero respecto de tu color natural, no con el que llevas puesto. En relación con esto, si sueles teñirte el pelo, deja que te asesore alguien con conocimientos de colorimetría o decide a conciencia después de lo que vas a aprender aquí. Cuando una persona escoge el color incorrecto para su pelo, lo que acaba consiguiendo es que, independientemente de los colores de las prendas que se ponga, ese color de pelo le dé un aspecto demacrado a su rostro. Empezamos.

Tono

Comenzamos por el primer elemento del color: el tono. El tono es el tinte, significa prácticamente lo mismo que color. Pero cuando nos expresamos en términos de tono, solemos hacer referencia a la mezcla de colores. Por ejemplo, seguro que alguna vez has oído decir algo como «me he comprado una chaqueta negra con un tono azulado» o «sus ojos son castaños con un tono verdoso». No hacemos referencia a otra cosa que al pigmento, el color. Sin embargo, en colorimetría, el tono lo vamos a utilizar para diferenciar los colores cálidos de los fríos.

Observa tu piel y valora si tiene un pigmento que tira más hacia el amarillo o si tiene un tono un poco más rosado. Mírate al espejo con buena luz natural de frente y haz tu primera estimación. ¿Dirías que tu piel tiende a amarilla o a rosa? Y aquí no se trata de que sea clara u oscura. No tiene nada que ver con eso. Simplemente busca el pigmento al que tiende tu piel de forma sutil. ¿Tiene pigmento amarillo? ¿Tiene pigmento rosado o incluso azulado?

Las pieles cálidas son las que tienen un pigmento que tira más hacia el amarillo. Y las pieles frías son las que tienen un tono un poco más rosado. ¿Tiene tu piel pigmento amarillo? Punto para cálido. ¿Tiene pigmento rosado o incluso azulado? Punto para frío.

Otro detalle que puedes observar es el color de tus venas. Fíjate en el reverso de tus manos o en alguna zona donde puedas verlas bien, pero la piel no sea demasiado fina (por ejemplo, no escojas las palmas de tus manos ni los párpados). ¿Dirías que su color es más bien verde o más bien azul?

¿Has concluido que su color es más bien verde o más bien azul? Si son verdes, punto para cálido. Si son azules, punto para frío.

Para continuar, hazte con algo dorado y con algo plateado. Si es una superficie amplia, mejor, por ejemplo, una tela o una cartulina metalizada. Ponla debajo de tu cara limpia y con luz natural y mírate en un espejo. ¿Cuál de ellas hace que destaquen tus ojeras, manchas e imperfecciones? ¿Y cuál hace que tu piel se vea mejor? ¿Te sienta mejor el dorado? Punto para cálido. ¿Te sienta mejor el plateado? Punto para frío.

Como trucos adicionales (aunque no son indicios infalibles) te puedo comentar un par de detalles, por ejemplo:

- Las pieles frías suelen ser secas y las cálidas suelen ser mixtas o incluso grasas.
- Las ojeras son más frecuentes en pieles frías que en pieles cálidas.
- Las pecas, al contrario. Suelen darse en pieles cálidas más que en pieles frías. Aun así, si las pecas son opacas o incluso grisáceas, es probable que la piel sea fría.
- Si una piel se quema o se pone roja al sol, todo apunta a que es fría.
- La duración del bronceado también importa. Las pieles cálidas suelen conservar el color dos o tres meses o incluso más, una vez dejan de exponerse al sol. Las frías o no se broncean o les dura poco. Incluso el tono del bronceado importa. Si es un bronceado anaranjado y luminoso, es cálido. Si es opaco, es frío.
- También el color de los labios nos puede dar información. Las personas frías suelen tener un color natural de labios como desteñido, no muy notable. Las personas cálidas suelen tener labios de un tono más tirando a melocotón.

En este paso tenemos un ejercicio comodín: se trata de observar el color de los ojos. ¿Son color miel, verde o marrón con tono amarillento? Punto para cálido. ¿Son azules, grises, negros o marrones con tono grisáceo? Punto para frío.

En base a todas las observaciones que has hecho, analiza en tu libreta los resultados y llega a una conclusión en relación con tu tono: ¿es tu tono cálido o frío?

SATURACIÓN

Siguiente elemento: la saturación. La saturación se refiere a la intensidad del color. Cuanta más presencia de blanco hay en un color, menos saturado es. Por ejemplo, un azul eléctrico es mucho más saturado que un azul bebé, que es más claro. La saturación puede ser brillante o suave.

Quiero que te fijes en tres aspectos: los ojos, la piel y el cabello. Y lo que necesitas observar en ellos es si su color es uniforme o si hay matices entremezclados.

- Observa tus ojos: ¿Son de un color liso y uniforme o el iris muestra una combinación de tonos entremezclados?
- Observa el cabello: ¿Es de un color sólido o tiene mechas, reflejos y diferentes tonalidades?
- Observa tu piel: ¿Su color es fundamentalmente uniforme? ¿O tiene una combinación de tonos derivada de la presencia de pecas, manchas, rojeces, acné, ojeras marcadas...?

Para cada uno de ellos, haz esta equiparación: ¿El color es liso y uniforme? Punto para saturación brillante. ¿El color es una combinación de tonos? Punto para suave.

Si en alguna de estas tres comprobaciones dudas entre si el color es sólido o con variantes, recurre al uso de dos telas: una de color rojo intenso y otra de color vino. Colócalas bajo el rostro y valora cuál de ellas te sienta mejor en general, y en particular a tus ojos. ¿Te sienta mejor la de color rojo o la de color vino? Si te quedas con la roja, es indicio de saturación brillante; si te quedas con la color vino, es indicio de saturación suave.

VALOR

Y vamos con el tercer elemento: el valor, que puede ser oscuro o claro. El valor (o valoración) se refiere a la cantidad de luz que tiene un color. Y en función de esto, podemos decir que un color es claro u oscuro. Los colores claros tienen mucha luz, de modo que su valor es alto. Y los colores oscuros tienen poca luz, de modo que su valor es bajo.

Para analizar el valor, necesitaremos una tela negra y otra blanca. Y vamos a colocarlas igual que hemos hecho con la dorada y la plateada, bajo la cara. En esta ocasión no tienes que recogerte el cabello. Vamos a prestar atención al cabello y a los ojos. Y tenemos que tratar de identificar con cuál de las dos telas, el cabello y los ojos brillan más. Con una de ellas se verán luminosos y con la otra se verán apagados. Toma nota de cuál es la más favorecedora para tu cabello y tus ojos. Si te sienta mejor la tela negra, es indicio de que tu valor es oscuro; si te sienta mejor la tela blanca, es indicio de que tu valor es claro.

En caso de que esta prueba te resulte complicada y no consigas diferenciar claramente el efecto del negro y el blanco sobre tu cabello y tus ojos, tenemos un plan B. Esto hazlo solo si no consigues llegar a una conclusión con las telas. Aquí vamos a analizar los mismos tres aspectos que en la saturación. Pero esta vez no nos vamos a fijar en si el color es uniforme o una combinación. Aquí nos vamos a fijar, directamente, en si son claros u oscuros.

- ¿Cómo son tus ojos: claros u oscuros?
- ¿Cómo es tu cabello: claro u oscuro?
- ¿Cómo es tu piel: clara u oscura?

En general, cada elemento oscuro es un punto a favor de un valor oscuro, y cada elemento claro es un punto a favor de un valor claro.

Este test te permite tener un diagnóstico de los tres elementos importantes para tu colorimetría: el tono, la saturación y el valor. Y con esto ya vas a tener información que te va a permitir situarte en una estación.

La armonía y su efecto en tu carisma

Hablemos de armonía. A la hora de escoger los colores con los que conformamos nuestra imagen un día determinado, la armonía es la que marca la diferencia entre el hecho de que la combinación resulte agradable o desagradable. Y esto va más allá de que los colores nos gusten más o menos. Se trata del impacto que esa combinación tiene sobre la vista de las otras personas. Y este impacto depende de cuestiones reales y anatómicas que tienen que ver con el procesamiento de las intensidades, luces, brillos y matices por parte del ojo.

¿Conoces la expresión «esa combinación duele a la vista»? Pues es algo real. Hay combinaciones que requieren un gran esfuerzo perceptivo. Y la sensación es comparable al dolor.

Por esta razón, es importante que tu imagen sea armónica con vistas al efecto que tiene en tu impacto interpersonal, porque no te interesa que el impacto que planifiques y apliques sobre otras personas se vea contaminado por distracciones perceptivas perfectamente evitables.

No te preocupes, esto no es complicado. Yo voy a darte algunas pinceladas un poco técnicas simplemente para que puedas comprender las bases de la armonía. Pero lo más probable es que ya lo estés haciendo bien. Así que diviértete con esta lección, haz alguna prueba con las prendas que ya tienes y aprovecha lo que encaje con tu estilo personal.

En lo relativo a tu imagen física, a tu aspecto, lo que necesitas es que sea fácil de procesar, placentero y que te realce y te transfiera luz, vitalidad y una sensación sana. De modo que vamos a ver cómo generaremos armonía con el color. Y podemos hacerlo de diferentes modos.

La primera opción que tenemos es la armonía monocromática. Este tipo de armonía es extremadamente elegante y se basa en combinar tonos, valores o saturaciones similares.

Por ejemplo, una armonía monocromática por similitud de tono podría ser una combinación de diferentes tonos de azul o de diferentes tonos de marrón. Aquí lo importante es que todos los tonos sean o cálidos o fríos. Pero combinar tonos fríos con tonos cálidos, resulta desagradable.

A la hora de vincular esto con tu carisma, ten en cuenta que cuanto más neutros sean los colores, más autoridad transmites. Por ejemplo, con el negro, el blanco, el gris, el beige o incluso el azul en algunos de sus tonos.

En cambio, cuanto más alegres y pintorescos sean los colores que eliges, más accesibilidad transmites. Esto ocurriría, por ejemplo, con el naranja, el verde, el amarillo, el violeta, el rosa...

También podemos crear armonía monocromática por similitud de valor, es decir, con tonos claros o con tonos oscuros. Por ejemplo, podrías optar por una combinación de tonos claros donde se utiliza blanco, beige y arena. O podrías hacer lo mismo, por ejemplo, con un blanco y un azul cielo muy claro.

La tercera opción de armonía monocromática que tenemos es la que creamos por similitud de saturación, es decir, utilizando juntos los tonos de saturación muy baja o los tonos muy brillantes. Un ejemplo de armonía creada con varios tonos de saturación baja podría ser: un tono menta pastel, verde pastel y zapatos en un tostado pastel. Es de lo más placentero a la vista, es muy elegante y a la vez transmite accesibilidad, porque es una combinación un poco más atrevida en cuestión de color; se sale de los neutros, que transmitirían más autoridad.

Aun así, casi cualquier combinación monocromática transmite cierta autoridad de por sí, salvo que se haga con colores muy brillantes y pigmentados.

Armonía por contraste

La armonía por contraste consiste en combinar colores opuestos o complementarios.

Los colores complementarios son los que se encuentran enfrentados en una rueda cromática. Por ejemplo, rojo con verde intenso; naranja con turquesa, rosa con verde claro...

Todas estas combinaciones transmiten accesibilidad, porque son más atrevidas, menos sobrias. De modo que si te interesa que tu imagen sea cercana, amigable y divertida, puedes probar con alguna combinación que utilice la armonía por contraste, y eso maximizará al instante su accesibilidad.

La única combinación por contraste que transmite autoridad es la de los dos colores extremos: el negro con el blanco. Es una combinación elegante y muy centrada.

Ya conoces las dos principales formas de generar armonía. La tercera sería una combinación de ambas, y ahí tienes mucho juego para crear y probar.

¿Cómo aplicarías este conocimiento a la planificación de tu vestimenta para una determinada ocasión? Pongamos, por ejemplo, que tienes una reunión importante, o una primera cita, o una negociación, o un día de ventas como cualquier otro, o un evento social.

Ten tu libreta para realizar una planificación de ejemplo y define exactamente cuál es la ocasión para la que vas a crear tu estrategia de color.

Para empezar, decide qué te interesa potenciar en tu carisma en esa situación concreta. ¿La autoridad o la accesibilidad? ¿Te conviene ser percibido como una persona con credibilidad y muy profesional o como una persona cercana y amigable? En función de ese objetivo de impacto, opta por una combinación monocromática o por contraste. Te recuerdo:

Para transmitir autoridad, funcionan muy bien las combinaciones monocromáticas en general, y sobre todo las de colores neutros como el negro, el blanco, el gris, el beige, el azul. Y también las combinaciones por contraste de blanco y negro.

Y para transmitir accesibilidad, funcionan casi todas las combinaciones por contraste. Y también las monocromáticas con colores un poco más atrevidos.

Después de tomar estas decisiones, echa un vistazo a tu armario y selecciona elementos que puedan encajar en lo que estás buscando.

Probablemente te encuentres con que tal vez necesitarías añadir algún elemento que no tienes, para completar el conjunto. Ve identificando eso también. Pero no te recomiendo que te lances a comprar nada en este punto, porque todavía faltan partes muy importantes de este paso de tu entrenamiento. Ahora mismo solo quiero que te familiarices con las armonías cromáticas para que tengas ideas a la hora de tomar decisiones que van a tener cierto peso en tu impacto interpersonal. Por el momento, diviértete creando combinaciones que transmitan lo que quieres.

Las cuatro estaciones

Antes de existir la teoría de las doce estaciones en colorimetría, los estudios se hacían en base a las cuatro estaciones básicas: primavera, verano, otoño e invierno. Poco a poco se fue percibiendo que esta clasificación se quedaba un poco limitada, pues había combinaciones de rasgos que no encajaban del todo en ninguna de ellas. Es cierto que el mundo estaba mucho menos globalizado por aquel entonces, y las razas estaban más diferenciadas por sus rasgos.

Hoy en día, las personas somos mezclas. Y ni todas las personas de piel muy blanca son rosadas ni todas las personas de piel oscura son cálidas. Si nos vamos al color de los ojos, hay mezclas y matices en los colores. Y ya no digamos si hablamos del color del cabello, que es algo que afecta también a la colorimetría y que ya no conoce límites, pues las personas nos lo pintamos del color que nos apetece. ¿Significa esto que tu colorimetría puede cambiar si te cambias el color del cabello? Pues sí, puede afectar. Pero lo cierto es que las variaciones van a ser sutiles. Nunca vas a pasar de ser primavera a ser verano, o de ser invierno a ser otoño. A la hora de teñir el pelo, lo ideal es que tengas en cuenta tu colorimetría para escoger un color que te favorezca dentro de los que tienen una mayor armonía con el resto de tus rasgos.

Recupera ahora tu interpretación de resultados de colorimetría, porque te va a ser útil de cara a intuir cuál puede ser tu estación básica.

Echa un vistazo a tus resultados en cuanto a tono, saturación y valor y trata de encajarte en una de las cuatro estaciones.

Esta es la correspondencia entre los resultados de los tres factores y las cuatro estaciones:

- Si eres cálido, brillante y claro, eres primavera.
- Si eres frío, suave y claro, eres verano.
- Si eres cálido, suave y oscuro, eres otoño.
- Si eres frío, brillante y oscuro, eres invierno.

Tal vez te encuentres con que tus resultados no te sitúan en ninguna opción concreta. No te preocupes si es ese tu caso, porque tenemos mucho por concretar todavía.

Hasta aquí hemos visto de forma amplia las características que nos van a permitir realizar nuestro análisis de colorimetría. Tenlas presentes ya que te van a ayudar mucho.

Sin embargo, ahora vamos a adentrarnos en cada una de

las cuatro estaciones para estudiar sus variantes. Vamos a ver rasgos específicos de cada una de las doce variantes totales, y con esto vas a ver mucho más claro dónde encajas tú.

Primavera

Comenzamos con primavera. Ya conoces las características generales de las personas primavera. Te las recuerdo:

- La tonalidad es cálida.
- La valoración es clara.
- La saturación es brillante.

Las personas primavera tienen siempre piel clara, y será así en las tres variantes de esta estación. Serán tonos entre el beige dorado y el beige melocotón, en algunos casos con pecas, pero no necesariamente.

En cuanto al pelo, es cálido también, pero habrá variedad de intensidades, desde el rubio dorado hasta el castaño oscuro.

Los ojos de las personas primavera suelen ser verdes o aguamarina, con alguna excepción en tonos cercanos al amarillo.

Otra característica de las personas primavera es que su piel suele ser grasa o mixta y se broncea con mucha facilidad.

La estación de primavera se divide en tres variantes:

- Primavera cálida
- Primavera clara
- Primavera brillante

Vamos ahora a ver un poco más en detalle cada una de ellas, empezando por la primavera cálida.

PRIMAVERA CÁLIDA

En las personas primavera cálida la piel es clara: beige melocotón o beige dorada.

En cuanto al pelo, suele ser rubio, en todas sus variantes cálidas: rubio dorado, rubio simple con destellos dorados o rubio con tonalidades rojizas.

Y los ojos son verdes, con matices. Podemos encontrarnos ojos puramente verdes, verdes con destellos amarillos, verdes con tono avellana y también celeste turquesa, es decir, un azul cálido con tonos verdosos. En esta estación los ojos se perciben verdes tanto al sol como a la sombra, cosa que no ocurre con otras estaciones, donde es necesario contar con luz directa para distinguir el color claro.

PRIMAVERA CLARA

Las personas primavera clara comparten tonos de piel con la variante anterior: beige melocotón o beige dorada.

En cuanto al pelo, es siempre rubio claro y cálido: rubio

con destellos dorados, rubio dorado claro o rubio desgastado dorado.

Los ojos son claros también: color avellana claro, verde claro, celeste turquesa o aguamarina claro.

En general, las personas primavera clara son claras en general, casi como si alguien les hubiese puesto un filtro blanqueador sobre piel, ojos y pelo. No es una estación de las más habituales.

PRIMAVERA BRILLANTE

La primavera brillante es una estación relativamente fácil de identificar.

La piel de las personas primavera brillante es clara (beige melocotón o beige dorada). Sin embargo, se trata de pieles que se broncean fácilmente, y el bronceado tiende a ser duradero.

En cuanto al pelo, va a ser más oscuro que en las otras dos variantes de primavera. Puede ser rubio medio, rubio oscuro o incluso castaño con destellos rojizos rubios.

Y los ojos son el elemento diferenciador de la primavera brillante. Se trata de ojos de colores muy intensos: turquesa, celeste verdoso, aguamarina o verde. Generalmente, cuando veas una persona cálida con unos ojos muy llamativos por la intensidad de su color, es probable que se trate de primavera brillante.

Verano

Continuamos con el verano. Te recuerdo las características generales de las personas verano:

- La tonalidad es fría.
- La valoración es clara.
- La saturación es suave.

Las personas verano tienen la piel clara, igual que ocurría con la primavera. Pero en este caso se trata de tonos fríos: beige frío o beige rosado.

El pelo de las personas verano es frío también, y nunca va a ser demasiado oscuro, pero sí que existen diferencias considerables entre las tres variantes de esta estación, como veremos a continuación.

En cuanto a los ojos, también veremos diferencias entre las variantes, pero generalmente serán ojos claros, salvo alguna excepción en verano suave.

Las personas verano no suelen broncearse demasiado y, cuando se broncean, suelen conservar el tono durante poco tiempo.

La estación de verano se divide en tres variantes:

- Verano frío
- Verano claro
- Verano suave

Vamos ahora a ver un poco más en detalle cada una de ellas, empezando por el verano frío.

Verano frío

La piel de las personas verano frío es muy clara. Puede ser beige fría, beige rosada o incluso beige grisácea. Son personas que, si se exponen al sol, no se broncean, sino que se ponen rojas, coloradas o que se queman fácilmente. Es habitual encontrar personas verano frío que padecen rosácea, aunque esta condición puede darse en pieles frías en general.

En las personas verano, el pelo es rubio y claro: rubio grisáceo o rubio simple opaco. No se trata de un pelo rubio dorado, sino rubio apagado.

Los ojos suelen ser claros, aunque no demasiado intensos. Suelen ser celestes, o azules oscuros, avellanas o verdes grisáceos, pero no se trata de colores llamativos como los que mencionábamos en primavera brillante, sino que, aun siendo claros, es probable que con poca luz no parezcan tan claros.

Verano claro

Las personas verano claro son muy fáciles de identificar. La estética es similar a la de una persona albina: Son blancas.

La piel es muy clara, desde beige fría hasta beige rosada.

El pelo es rubio prácticamente blanco: rubio cenizo claro, rubio con reflejos blancos, gris platinado.

Los ojos tienen también una especie de filtro blanco: celeste claro, azul con destellos blancos, avellana claro con destellos amarillos o verde claro.

No hay confusión con esta estación pues, a grandes rasgos, se trata de una persona de color blanco. Si lo eres, no hay dudas.

VERANO SUAVE

El verano suave es muy diferente a los otros dos veranos, pues aun siendo una estación clara, se ve un poquito más de contraste entre sus rasgos.

Las pieles de verano suave son como las de las otras variantes de verano: beige fría o beige rosada.

El pelo es rubio, pero con variaciones más diversas que en los otros veranos. Puede ir desde el rubio cenizo medio hasta el rubio oscuro o incluso el castaño con reflejos rubios cenizos. No se trata de colores claros, sino medios, y esta es una diferencia sustancial en relación con las otras variantes.

Y los ojos pueden ser de tonos muy variados también: avellana opaca, azul profundo, marrón o verde oliva.

Un dato interesante sobre esta estación es que las personas verano suave habitualmente fueron muy rubias en la infancia, pero el color se les fue oscureciendo con el paso de los años. Por otro lado, aun siendo pieles frías, no suelen tener ojeras.

Otoño

Empezamos por el otoño. Te recuerdo las características generales de las personas otoño:

- La tonalidad es cálida.
- La valoración es oscura.
- La saturación es suave.

Generalmente, las pieles otoño se broncean con facilidad y el bronceado tiende a ser duradero. Son pieles cálidas, lo que significa que el color tiende más a naranja que a rosa.

El pelo va desde los tonos rojizos hasta los marrones cálidos o castaños con reflejos dorados.

Los ojos suelen ser marrones, castaños o verdes.

No es habitual que las personas otoño tengan ojeras, salvo por razones médicas o descanso muy puntuales. Si crees ser otoño pero eres una persona que casi siempre tiene ojeras, espera a que te hable de las personas invierno, pues puede que encuentres allí tu lugar.

La estación de otoño se divide en tres variantes:

- Otoño cálido
- Otoño oscuro
- Otoño suave

Vamos con las tres variantes, una por una, para que puedas ubicarte exactamente en tu lugar, si crees que esta es tu estación.

Otoño cálido

El otoño cálido se conoce también como «otoño verdadero» o, en inglés, *«dark autumn»* o *«true autumn»*.

Las personas otoño cálido suelen tener la piel clara. Color marfil o beige cálida, sobre todo, y a menudo (aunque no necesariamente) con pecas. Cuando una persona otoño cálido se pone al sol, lo que tiende a ocurrir es que, si tiene pecas, las pecas se oscurezcan, se vuelvan más naranjas.

Como norma, las personas otoño cálido son pelirrojas en cualquiera de sus variantes. Desde el caoba hasta el pelirrojo oscuro o el rubio rojizo. Hay personas que son otoño cálido y su pelo no parece realmente rojizo, pero al exponerse a la luz del sol sí suelen apreciarse reflejos anaranjados.

Los ojos de las personas otoño cálido son siempre claros y cálidos. Van desde el verde azulado hasta el turquesa, pasando por avellana, verde con mezcla amarilla, castaño rojizo... No encontraremos en esta estación ojos oscuros ni fríos.

Otoño oscuro

El otoño oscuro tiene siempre la piel cálida. Desde el beige cálido hasta el color oliva dorada e incluso bronce o negro cálido. Es el único tipo de otoño donde podremos encontrar pieles negras, y serán siempre con tonos anaranjados o amarillos.

El pelo de las personas otoño oscuro suele ser marrón en sus variantes cálidas: castaño oscuro, castaño medio, caoba, castaño con reflejos rojizos, marrón oscuro cálido... No encontraremos aquí tonos rubios, ni negros azabache ni blanco plateado.

Los ojos suelen ser oscuros: Verde oliva fuerte, marrón dorado, marrón tirando a negro y en su versión intermedia, algún tono avellana.

Otoño suave

El otoño suave es la estación de las personas donde no existe demasiado contraste entre piel, ojos y pelo. Tienden a tener un tono uniforme para los tres elementos, sobre todo para ojos y pelo.

La piel es clara. Puede tender más a beige o más a marfil, pero siempre va a ser una piel clara y no muy fácil de broncear.

El pelo también será claro o medio. Castaño medio, rubio dorado, castaño opaco, rubio o rubio oscuro. Aquí no veremos tonos de pelo negros ni siquiera marrones.

En cuanto a los ojos, podemos encontrarnos más variedad. Color avellana, amarillo, marrón, gris verdoso, marrón verdoso.

Invierno

Terminamos con el invierno. ¿Recuerdas las características generales de las personas invierno? Te las recuerdo:

- La tonalidad es fría.
- La valoración es oscura.
- La saturación es brillante.

En la estación invierno podemos incluir tonos de piel bastante variados, desde pieles muy claras hasta muy oscuras. Aquí encontramos pieles beige fría, beige rosada, oliva clara, morena fría, negra azulada. Lo que todas tienen en común es que son frías. Es decir, tienden más al rosa o el azul que al amarillo o el naranja.

En cuanto al pelo, en la estación invierno puede ser castaño oscuro, castaño oscuro con reflejos rojizos o negro azabache.

Salvo en invierno brillante, los inviernos suelen tener un color de ojos y pelo similar. Es decir, que tanto en invierno frío como en invierno oscuro, el color de pelo y el de ojos suele ser el mismo o parecido.

Otra característica de las personas invierno es que no se suelen broncear. Esto significa que o el sol apenas produce cambio en su color de piel, o se ponen rojas, o se queman, o llegan a adquirir un color leve pero no lo mantienen durante dos o tres meses si dejan de ponerse al sol, sino que lo pierden antes.

La estación de invierno se divide en tres variantes:

- Invierno frío
- Invierno oscuro
- Invierno brillante

Vamos ahora a ver un poco más en detalle cada una de ellas, empezando por el invierno frío.

INVIERNO FRÍO

El invierno frío también se conoce como «invierno verdadero»; *«true winter»* o *«cool winter»* en inglés.

La característica más destacada de las personas que encajan en esta estación es la tonalidad fría. La piel va a ser de color oliva clara, beige rosada o beige fría, grisácea. Generalmente no tiene ojeras, y la piel, al natural (es decir, sin maquillaje) se ve bastante uniforme, sin sombras bajo los ojos.

En cuanto al pelo, puede ser castaño medio, castaño oscuro, negro azabache... Tienden a ser colores uniformes. Y cuando tienen algún reflejo, esos reflejos tiran a rojizo y solo son perceptibles al sol. En la sombra, los posibles reflejos no suelen destacar sobre el color general.

Los ojos pueden ser de color marrón, marrón con destellos rojizos casi imperceptibles o marrón grisáceo, opaco.

INVIERNO OSCURO

El invierno oscuro igualmente se conoce como «invierno profundo»; «*dark winter*» o «*deep winter*» en inglés.

La característica más destacada de las personas que encajan en esta estación es la valoración oscura.

La piel va a ser de color beige frío, moreno frío, oliva o negro azulado. Es el único tipo de invierno donde encontraremos pieles negras, siempre con un tono rosado o sutilmente azul. Las personas invierno oscuro sí suelen tener ojeras. De hecho, sería raro que un invierno oscuro no las tuviera.

En cuanto al pelo, puede ser castaño medio, castaño oscuro, negro azabache... Así como en invierno frío puede haber reflejos rojizos, aquí no los hay. Los tonos son opacos y sin mezclas apreciables.

Los ojos pueden ser de color marrón oscuro, avellana u oliva oscura, es decir, que solo vamos a saber que son oliva si están bien iluminados.

INVIERNO BRILLANTE

El invierno brillante es una de las estaciones más fáciles de identificar, pues sus rasgos son muy característicos.

El rasgo más destacado de las personas que encajan en esta estación es la saturación brillante.

La piel va a ser de color porcelana, es decir, prácticamente blanco. O también puede ser marfil o beige rosada, pero siempre va a ser una piel clara.

En cuanto al pelo, puede ser negro, negrísimo; puede ser castaño oscuro, platinado o gris plateado.

Y los ojos son el elemento diferenciador del invierno brillante. Sus ojos son extremadamente llamativos. Pueden ser de color azul profundo, azul violáceo, avellana claro, azul verdoso, verde, mezcla de azul y verde con destellos blancos... Son ojos que no vamos a encontrar en ninguna otra estación. Llaman mucho la atención. Si tus ojos recuerdan a los de un lobo siberiano, es muy probable que seas invierno brillante.

Desafío: Elige los colores que van a beneficiar a la imagen que transmites

Como te comentaba anteriormente, en función de tu colorimetría personal, habrá colores que te hagan parecer demacrado, incluso enfermo, y habrá otros colores que te den vitalidad y te hagan parecer más saludable e incluso atractivo. De ahí la importancia de todo el análisis que acabamos de hacer.

¿Cuál es la pauta general a la hora de elegir colores que nos van a beneficiar? Optar por los colores que respetan las mismas características de nuestra estación concreta. Por ejemplo, yo soy otoño. ¿Recuerdas las características generales de esta estación? Cálido, oscuro y suave. Pues mi elección de colores debería respetar esas mismas características; deberían ser colores cálidos, oscuros y suaves, es decir, sin demasiada saturación. Si yo me visto de un color melocotón oscuro desaturado, voy a parecer más sana, vital e incluso atractiva que si me visto de azul pastel (color ideal, por otro lado, para una persona verano).

Existen paletas de colores ya configuradas para ayudarte a identificar qué colores concretos son los más acertados en función de tu colorimetría. Consulta con un profesional de la colorimetría o, directamente, busca paletas en internet. Como ahora ya sabes cuál es tu estación concreta (por ejemplo, en mi caso, sé que soy otoño, pero además sé que no soy otoño cálido ni otoño suave, sino otoño oscuro), haz una búsqueda de paletas de colores para tu estación. Vas a encontrar decenas de opciones, de modo que tendrás dónde elegir, pues es probable que no todos ellos te gusten.

Para este reto, únicamente haz una recopilación de paletas que localices en la red que se hayan categorizado como apropiadas para tu estación concreta. Por ejemplo, en mi caso, buscaría paletas de colores para «otoño oscuro». Busca las tuyas y guarda todas esas imágenes.

Desafío: Tus dos paletas carismáticas

Pero ahora vamos a complicarlo un poquito más. Hemos hablado de cómo afecta la elección de colores al carisma que transmites. Vimos qué características (en cuanto a intensidad, tono y contraste) son más convenientes para transmitir accesibilidad o autoridad, e incluso hablamos de cómo impacta la elección de combinaciones con diferentes tipos de armonía a esa imagen que transmitimos y a la sensación subjetiva que las personas van a tener al vernos.

Pues bien, a esto debemos ahora añadirle el análisis de colorimetría personal. Selecciona, de tu paleta de colores, aquellos que vayan a transmitir más accesibilidad y aquellos que vayan a transmitir más autoridad.

Crea dos collages con colores de tu paleta: el collage de la accesibilidad y el collage de la autoridad.

A partir de este momento, sabrás exactamente qué decisiones de color tomar en función de cuál sea tu objetivo en cada ocasión.

Desafío: Filtrado del propio armario

Y vamos con el desafío final en este paso de tu transformación de impacto: filtrar tu propio armario en función de todo lo que acabas de aprender y analizar. Sé que esto puede costar, porque las personas tendemos a tener un apego intenso hacia nuestras pertenencias, así que espero que tu determinación en este objetivo de volverte una persona impactante sea más fuerte, ya que no es una tarea fácil.

Vamos por partes...

Filtrado de colorimetría

Lo que te propongo en esta primera parte del desafío es que revises, una por una, todas las prendas de tu armario que estén en contacto con la cara. Ignora aquí toda la vestimenta para la parte inferior del cuerpo y limita el análisis a prendas superiores: camisas, camisetas, sudaderas, chaquetas, abrigos, gorros, bufandas...

Ten a mano las paletas de colores de tu estación concreta y ve separando la ropa cuyos colores no encajan con esas paletas. Presta mucha atención a los matices, pues una prenda roja no tiene por qué encajar en tu paleta aunque en tu paleta haya un rojo. No es lo mismo un rojo frío que un rojo cálido; ni un rojo claro que un rojo oscuro; ni un rojo brillante que un rojo suave. Ajústate lo más fielmente posible a los tonos exactos de tu paleta, y separa todo lo que tenga un color que no encuentres en esa paleta.

¿Y qué hacemos con ese montón de intrusos? Tomar decisiones. No te voy a pedir que te deshagas de todas esas prendas porque tal vez haya varias que te encanten. Pero lo ideal es que te quedes con un armario llenito de prendas que te hacen transmitir luz y vitalidad. Si hay alguna prenda en particular que no encaja en tu paleta pero que necesitas quedarte (porque te encanta, o porque es de una calidad excelente, o por la razón que sea), trata de buscar el modo de romper el contacto de la prenda con tu cara con un elemento que lo neutralice.

Por ejemplo, si yo quisiera quedarme una camiseta azul intenso, podría acompañarla de un pañuelo beige anudado al cuello o un collar dorado, para darle la calidez que le falta a la camiseta.

Haz un repaso de todas tus prendas superiores y toma tus decisiones.

FILTRADO DE CARISMA

Y ahora vamos a trabajar con todas las prendas (superiores e inferiores) con las que sí te quedas en tu armario.

Haz dos categorías: la categoría de la accesibilidad y la categoría de la autoridad. Ya has separado los colores de tus paletas en función de este criterio, de modo que esta tarea no va a ser complicada.

En la medida de lo posible, busca el modo de diferenciar los dos tipos de prendas en tu armario, por ejemplo, utilizando perchas de madera para las prendas que transmiten autoridad y perchas de plástico para las prendas que transmiten accesibilidad, o diferenciando los espacios.

Este trabajo de categorización te va a ayudar a ver con mucha claridad qué tipo de prendas deberías utilizar en cada ocasión dependiendo de cuál sea tu objetivo concreto. ¡Disfruta del trabajo duro de este paso!

El impacto psicológico de los colores

Ya te he mencionado uno de los efectos psicológicos que los colores tienen en las personas cuando te ven: al instante te perciben como alguien vigoroso, sano y confiable o, por el contrario, como alguien débil, enfermo y de dudosa capacidad (al menos en estos momentos) para desempeñar correctamente la tarea en cuestión. Este impacto es poderoso. Pero no es el único.

A partir de este momento yo daré por hecho que vas a elegir de forma impecable los colores que te harán transmitir que estás en plena forma, que te encuentras en tu mejor momento. Pero incluso eligiendo los colores más adecuados para ti, debes tener en cuenta otro factor también muy importante: elegir los colores más adecuados para la situación, para el mensaje que quieres transmitir, para las emociones que quieres potenciar en quienes tienes delante.

Te pongo un ejemplo. Es posible que hoy tengas un encuentro en el que te interese verte espléndido, vigoroso y con energía..., atractivo incluso. Tal vez una primera cita con una mujer que te gusta. Resulta que tú has analizado tu colorimetría personal y has llegado a la conclusión de que eres verano frío. Ya sabes: chico rubio, ojos azules, piel blanca. Te sientan bien los colores fríos y claros y absolutamente todo en tu ropero encaja en esa categoría. ¿Por qué razón ibas tú a querer tener entre tu ropa nada que no te siente espectacularmente bien? Te has deshecho de todo lo que no era perfecto para ti y, ahora, sales a la calle cada día con la total convicción de que brillas. Y probablemente así sea, de modo que en cuanto a verte bien (sano, lo más guapo posible, descansado) no te vas a equivocar, pues solo posees prendas adaptadas a tu análisis de colorimetría.

Así que vas a tu armario y te pones un jersey de punto en un tono rosa bebé. Te favorece totalmente, pues es un color hecho para ti, para tu piel, tus ojos y tu pelo. Es uno de tus colores, sin duda. Acudes a la cita y... sales de ella con una mejor amiga y un plan para ir de compras.

¿Qué ha fallado? Tú ibas impecable, eso no se puede cuestionar. Pues lo que ha fallado es que no tuviste en cuenta cuál era tu objetivo, qué era lo que querías que esa mujer sintiera al verte, al encontrarse contigo. Has aplicado la colorimetría, pero no la psicología del color. Tal vez ese habría sido el jersey perfecto para otra ocasión, pero en esta, la elección de color ha jugado en tu contra.

He ahí la importancia de lo que vamos a trabajar ahora: la psicología del color.

Antes de decidir qué te vas a poner para una ocasión concreta, debes reflexionar acerca de qué quieres hacer sentir a la persona o personas con quienes te vas a encontrar. Y partiendo de esto, probablemente deje de tener sentido utilizar las mismas prendas en la oficina, en las comidas familiares, en las citas románticas, en las noches de fiesta, en las entrevistas laborales...

Aunque todas las prendas de tu armario te van a favorecer a nivel de colorimetría, no todas ellas transmiten el mismo mensaje a nivel psicológico. Vamos entonces a ver qué mensaje estarás transmitiendo con cada uno de los colores.

Una de las mayores expertas en psicología del color fue la socióloga, psicóloga y profesora de Teoría de la Comunicación Eva Heller. Ella y su equipo de investigación realizaron un estudio con una muestra de dos mil personas de profesiones diversas en toda Alemania. En su investigación se establecieron asociaciones en relación con ciento sesenta sentimientos e impresiones diferentes y respecto de toda una selección de colores.

Los resultados de este estudio mostraron que las emociones y los colores no se vinculan de forma fortuita y aleatoria, no se trata de una simple cuestión de preferencias y gustos personales. Al contrario, se trata de percepciones universales profundamente interiorizadas desde la infancia. Y dominar esta información que habla directamente al subconsciente de las personas es tremendamente poderoso.

Vamos a hacer un repaso por un resumen de los principales hallazgos de Heller en su investigación. Tendrás la referencia a su informe completo al final del libro, por si te interesa indagar más a fondo en este terreno.

¿Qué mensaje envían los diferentes colores al subconsciente?

Vamos a repasar algunos de los colores principales que resultaron de las conclusiones de la investigación. Para cada uno de estos colores, existen infinidad de matices en los que podrías indagar en profundidad. Aquí nos quedaremos con las pinceladas más destacadas de cada uno de ellos.

Es importante que, para cada color, tú busques la tonalidad exacta que sea compatible con tu análisis de colorimetría personal. Así como, por ejemplo, el azul suele categorizarse como un color frío y tal vez no lo contemples si eres otoño o primavera, existen tonos de azul cálidos que serían perfectos para ti.

Vivimos en un momento histórico maravilloso para acceder a toda la información que necesitemos sin dificultad. ¿Has decidido que te conviene vestirte de azul en la próxima reunión pero, en cambio, eres otoño oscuro? Busca en tu navegador «azul cálido» y quédate con uno de los tonos oscuros y opacos que veas entre los resultados. Brillarás.

Vamos entonces con la psicología de los colores, uno por uno, para que planifiques tus próximos encuentros.

Azul

El azul es un color primario y es el preferido de la mayoría de las personas, y realmente hay poca gente a quien no le guste. Así como la elección de los colores en general juega con el pequeño margen de error de que, precisamente, a esa persona le horrorice el color en cuestión, ese margen de error es mínimo con el azul. Al ser humano tiende a gustarle este color, por alguna razón.

Es el color de la simpatía y la armonía. Si quieres transmitir amistad y confianza, el azul es un acierto. Es también un color que se relaciona con lo lejano y lo infinito, tal vez porque, inconscientemente, lo vinculamos al cielo, al espacio. De modo que no se trata de un color invasivo, como puede serlo el rojo. El azul no incomoda, porque mantiene una aparente distancia segura con la otra persona.

La fidelidad también se vincula con el azul. ¿Recuerdas aquella primera cita de la que hablamos? Salvo que el objetivo de esa primera cita sea un encuentro puntual y sin pretensiones de entablar una relación, el azul habría sido un buen color, pues le está diciendo a la otra persona «puedes confiar en mí, no te voy a hacer daño».

El azul puede transmitir sensación de fantasía, magia, posibilidades. ¿Vas a asistir como acompañante a un cumpleaños infantil? Combina azul, violeta y naranja y entrarás directamente por el aro psicológico de los más pequeños.

Se relaciona con la divinidad, la santidad, con los dioses. También con el frío y la amplitud. Si estás pensando en redecorar tu oficina, tal vez prefieras evitar el exceso de azul pues, aunque agradará visualmente a la mayoría de tus visitas, también las hará sentir ligeramente desprotegidas y destempladas. Y la sensación de frío es incompatible con la calidez y el acogimiento.

Hay ciertas cualidades intelectuales y de personalidad que con mayor probabilidad las personas asociarán a ti si vistes de azul. Por ejemplo: la inteligencia, la relación con la ciencia, la concentración, la independencia, la deportividad y la masculinidad (entendida como estereotípicamente la ha venido definiendo la sociedad tradicionalmente).

Aunque se tienda a relacionar el azul con lo masculino, esto no significa que una mujer vestida de azul vaya a ser percibida como poseedora de cualidades estereotípicamente masculinas. El azul es perfectamente compatible con cualidades propias del estereotipo femenino: la tranquilidad, la pasividad, la introversión, la preferencia por lo tradicional, el pacifismo. De hecho, en el ámbito religioso se ha venido utilizando el azul claro para simbolizar la virginidad y la inocencia. Es importante tener en cuenta estas connotaciones, pues si eres mujer y escoges un tono azul cielo para vestir durante tus negociaciones, el nivel de autoridad que estarás transmitiendo será mucho más bajo que si escoges un azul marino, por ejemplo.

Hay determinados tonos oscuros de azul que habitualmente están presentes en uniformes profesionales y académicos. Esto hace que, por relación con estos, si vistes en esos tonos, tiendas a ser percibido como una persona ordenada, estructurada, seria y sin riesgo de comportamientos revolucionarios o escandalosos. Es un buen color para entrevistas laborales en relación con puestos donde se valore la sobriedad y la obediencia. Pero también hay tonos de azul que evocan a la clase obrera, y con ellos transmitirás humildad y sacrificio.

Si vistes de azul, transmitirás:

- Lejanía
- Frío
- Pasividad
- Descanso
- Confianza
- Independencia
- Inteligencia
- Ciencia
- Deportividad

- Simpatía
- Amistad
- Armonía
- Fantasía
- Anhelo
- Fidelidad
- Masculinidad
- Grandeza

Rojo

El rojo es el color que más nos destaca en todos los sentidos. Fue el primer color en recibir un nombre, es muy probablemente el primer color que logran distinguir los recién nacidos y suele ser el primero en aprender a ser nombrado por los niños. Sin duda, el rojo es un color que no pasa desapercibido. De ahí que se utilice tanto a nivel publicitario, para captar la atención.

Es un color intenso que, psicológicamente, transmite sensaciones intensas. Es el color del amor y la pasión, pero también el del odio y la ira. La sangre es roja, y casi toda emoción que haga correr la sangre a determinadas partes de tu cuerpo, se vincula con el rojo. Es el color más vigoroso y más apasionado.

También el fuego es rojo. Por eso, cuando vistes de rojo, transmites calor, energía, pasión y deseo. A la vez que alegría, gozo de vivir y felicidad.

Así como el azul hace sentir lejanía y distancia, el rojo

hace todo lo contrario. Te acerca a la otra persona (a veces, de forma invasiva), alza tu voz y tu mensaje, te hace ver como una persona extrovertida y espontánea.

Es un color vinculado al prestigio y al lujo, pues antes de la Revolución francesa estaba reservado a los ricos y a la nobleza. Aun así no es conveniente para todas las situaciones, pues el rojo grita agresividad, ira y excitación. Incluso evoca al peligro y a lo prohibido, especialmente cuando lo combinamos con el negro.

Si en aquella primera cita la intención sí era puramente pasional, el rojo incorporado en algún pequeño pero visible detalle habría sido tu color, pues es el color perfecto para la seducción, la sexualidad y el erotismo. Es el color de la inmoralidad y la provocación.

¿Quieres transmitir un mensaje político? Este es tu color si tu mensaje habla de libertad, de socialismo y de clase obrera. También si habla de control, de justicia y corrección.

Es el color más dinámico y activo, de modo que te vendrá bien incorporarlo a tu imagen si tu entrevista laboral es para un puesto creativo, artístico o enérgico.

Si vistes de rojo, transmitirás:

- Calidez
- Cercanía
- Alegría
- Extroversión
- Atractivo
- Fuerza

- Sexualidad
- Erotismo
- Amor
- Pasión
- Seducción
- Inmoralidad
- Agresividad
- Odio
- Vínculo con lo prohibido
- Brutalidad

AMARILLO

El amarillo, al igual que el resto de los colores luminosos, tiende a gustarnos más a medida que nos hacemos mayores. Aunque es improbable que un o una adolescente diga que su color favorito es el amarillo, esa probabilidad aumenta si le preguntamos a una persona adulta o más aún a alguien en la madurez. De ahí que, precisamente, sea el color que se suele vincular a la madurez. Aun así, no es uno de los colores más nombrados al hablar de preferencias o rechazos.

Es el color de la diversión, el placer, el verano, la amabilidad y el optimismo. Un color ideal cuando quieres transmitir que eres una persona divertida y positiva. Tal vez no sea el mejor para una primera cita, pues no transmite nada intenso vinculado al amor, la pasión, el compromiso (aunque sí a la fertilidad, junto con el verde), pero sí es perfecto para un encuentro con amigos en la playa, pues nada más llegar tú, la sensación será más alegre y bañada en diversión.

Es el color del entendimiento, la iluminación, la luz. Muchos negocios enfocados en la transmisión de conocimiento lo utilizan en sus logos y webs, pues no solo transmiten que tienen la capacidad de «iluminarnos» con su conocimiento, sino que además será una experiencia placentera.

El amarillo es también el color de la envidia, los celos y la mentira. El de la avaricia, la acidez y el egoísmo. Si quieres evitar transmitir esas desagradables sensaciones, escoge tonos amarillos que no incorporen pigmento verde. El amarillo verdoso nos hace sentir que algo anda mal con quien lo lleva puesto, que algo no huele bien en relación con esa persona.

Cuando el tono de amarillo es chillón y llamativo, transmite la sensación de advertencia, de espontaneidad, impulsividad, impredecibilidad. Es el color de la impertinencia y la presuntuosidad. Si quieres resultar confiable, evita a toda costa el amarillo fosforito o demasiado luminoso.

Históricamente, el amarillo se utilizó para marcar a personas que la sociedad consideraba deshonrosas: mujeres prostituidas, madres solteras, judíos. En diferentes países y épocas, estas personas eran obligadas a llevar símbolos amarillos que visibilizaran su condición: pañuelos amarillos, mantones amarillos, cordones amarillos, gorros amarillos, estrellas de David amarillas cosidas a la ropa... El amarillo fue durante muchos años el color de la advertencia frente a la deshonra.

En el contexto político, el mensaje es similar, pues se trata del color de la traición y la mentira. Si tu profesión está vinculada a la política, no es un buen color para ti, salvo que trabajes en un país asiático, donde el amarillo está directamente relacionado con la felicidad, la gloria, la sabiduría, la armonía y la cultura.

Si vistes de amarillo, transmitirás:

- Diversión
- Amabilidad
- Optimismo
- Envidia
- Avaricia
- Celos
- Falta de sinceridad
- Infidelidad
- Egoísmo

VERDE

El verde es un color que tiende a agradar más que a desagradar. Es el color de la tolerancia y lo agradable. No es distante como el azul ni invasivo como el rojo; es un color seguro que evoca a lo natural, lo vivaz, lo sano.

Es el color de la primavera, de los negocios florecientes y de la fertilidad. Se vincula con los resultados, los frutos.

El verde asociado a una mujer en contexto romántico, habla de descendencia. Asociado a un negocio, habla de dinero. Es el color del bienestar, tanto material como espiritual, emocional.

Es refrescante, y tiende a relacionarse con la inmadurez, la juventud, los primeros estadios en el proceso de maduración. Simboliza lo que está por venir, lo que pueden llegar a ser las cosas. De ahí que la esperanza y la confianza sean verdes en el imaginario colectivo.

El verde, cuando es luminoso, es el color tradicional de la burguesía. Es respetable, aunque no llega a ser ostentoso como el rojo de la nobleza, ni tampoco se pasa de humilde como el azul de la clase obrera. No es creativo, como el violeta de los artistas, ni majestuoso como el rojo púrpura de los gobernantes. Es un color intermedio y, como decíamos, respetable.

Es considerado el color más relajante, más tranquilizador, apaciguador. De ahí que se suela utilizar para pintar paredes y mobiliario de aulas escolares. Agrada sin esfuerzo ocular, y eso transmite la sensación de que podemos bajar la guardia. Es un buen color para vestir en ese encuentro tenso con alguien para comentar un desacuerdo.

Es perfecto para decirle sin palabras a la otra persona que puede confiar en ti, que contigo está a salvo y que todo va a ir bien. ¿Se te ocurre alguna situación donde te convenga hacer sentir eso a la otra persona? Pues ya tienes el color ideal.

Si vistes de verde, transmitirás:

- Tranquilidad
- Seguridad
- Naturalidad
- Esperanza
- Sensaciones refrescantes
- Sensaciones agradables
- Juventud
- Bienestar

NEGRO

No todas las opiniones expertas están de acuerdo en si el negro es un color o es una forma de ausencia de color. Sin embargo, para este caso, no nos importa el modo en que se categorice porque lo cierto es que el negro impacta psicológicamente, igual que lo hacen el resto de los colores.

Así como el amarillo es un color que tiende a gustarnos más a medida que nos hacemos mayores, con el negro ocurre justo lo contrario. Suele gustar mucho a la gente joven, pero va perdiendo adeptos a medida que aumenta la edad.

El color negro simboliza la ilegalidad, la anarquía, la brutalidad y la violencia. Es un color agresivo, aun tratándose del neutro por excelencia.

El negro es el final, es la muerte, la oscuridad. Es el color del duelo, del sufrimiento, del odio y la negación. También se vincula a la culpa y al egoísmo; a la maldad, la suciedad y la mala suerte. Es un buen repertorio de calamidades para tratarse de un color tan popular en la adolescencia y la juventud, ¿no te parece?

Lo que ocurre es que el negro simboliza también, por un lado, lo misterioso y, por otro lado, la introversión. Esta es una combinación especialmente representativa de la adolescencia como fase evolutiva. Cuando eres adolescente, por lo general, te sientes inseguro, no tienes claro quién eres ni quién quieres ser, experimentas cambios, no solo en tu cuerpo, sino en el modo en que tu entorno te percibe y te trata. La adolescencia es el final de una fase luminosa, que era la infancia. Y al mismo tiempo, durante la adolescencia la presión social es muy intensa. Quieres ser interesante, de ahí que busques transmitir misterio, pero a la vez no quieres parecer demasiado interesado en nada, porque no confías en que las cosas vayan a ir bien. ¿Qué color te inspira todo lo que sientes en esos momentos? El negro.

Probablemente estés pensando que, en medio de tanta oscuridad, debe haber algo bueno vinculado al color negro, pues es también un color popular en la moda, sobre todo en contextos formales. Y así es. El negro es el color simbólico de lo conservador y lo elegante, del poder. Numerosos referentes del diseño de moda alaban el negro como el color perfecto para no errar en nuestras decisiones de vestuario.

Transmite importancia, contundencia, sobriedad, contención e incluso, visualmente, reduce el tamaño de las superficies a modo de ilusión óptica, de ahí que suela sentar mejor que otros colores a cuerpos voluptuosos (aunque no necesariamente a su rostro, como hemos visto al hablar de la colorimetría).

Si vistes de negro, transmitirás:

- Fuerza
- Introversión
- Brutalidad
- Maldad
- Infidelidad
- Egoísmo
- Dureza
- Elegancia
- Actitud conservadora
- Poder
- Misterio
- Magia

Blanco

El blanco es el color (o no color, como apuntarían algunos expertos) más limpio. Transmite que es el comienzo de algo que está sin iniciarse, simboliza lo nuevo e impoluto.

Es el color del bien y de la perfección. Es confiable pues, en nuestro imaginario, la verdad es blanca, lo ideal es blanco, la honradez es blanca. Y también la luz es blanca, lo que nos transmite que no hay nada oculto, que nos podemos relajar.

Carece de adornos y distracciones. El blanco es exacto e inequívoco. Es limpio y puro. ¿Es inocente el blanco? También. Aunque depende del modo en que lo utilices. Si vistes con una prenda suave y vaporosa de color blanco, vas a transmitir inocencia. Si, en cambio, las prendas son más estructuradas y hechas con tejidos firmes, vas a transmitir que eres una persona objetiva, profesional y neutral.

Es un color ligero. No agota la vista ni requiere apenas procesamiento. No llama la atención, salvo cuando se le da exclusividad. Y, en ese caso, irradia. Una persona vestida de blanco impacta con más fuerza que una vestida de negro.

Si vistes de blanco, transmitirás:

- Inteligencia
- Ciencia
- Naturalidad
- Frío
- Belleza
- Verdad
- Perfección
- Objetividad
- Novedad
- Ligereza
- Modestia
- Devoción
- Bondad

Otros colores

Hemos visto qué transmiten los colores principales. Repasemos rápidamente alguno más.

El naranja es un color exótico y que despierta las papilas gustativas. Es el color de la diversión y la sociabilidad, de la alegría y lo original. Puede parecer inadecuado en muchos contextos por lo llamativo que resulta, y porque recuerda al peligro. En el contexto adecuado, transmite extroversión, actividad, cercanía y placer.

El violeta es el color del poder, de la penitencia y de la sobriedad. Es extravagante, singular, vanidoso y cargado de fantasía. Puede transmitir frivolidad y artificialidad, inadecuación, y en determinados contextos tiende a evocar la sexualidad.

El rosa es un color que, con el paso de los años, hemos ido asociando a lo dulce y delicado, lo cursi e incluso algo escandaloso, dependiendo del tono de rosa. Es el color del encanto y la cortesía, de la sensibilidad y el sentimentalismo. Puede parecer vanidoso, erótico y seductor a veces, y otras, infantil y manso. Evoca a la ilusión, la ensoñación y el romanticismo. En su versión más saturada, puede dar la sensación de barato.

El dorado habla de dinero, felicidad y lujo. De éxito, orgullo y de mérito. Es el color de la solemnidad y la belleza y, en exceso, de la presuntuosidad.

El plateado, por su parte, es un buen color para la velocidad, el dinamismo y el intelecto. Recuerda al dinero y se mezcla con atisbos de actualidad, modernidad y tecnología. Tiende a parecer más elegante que el oro, aunque también tiende a resultar extravagante con mayor facilidad que el oro.

El marrón es un color acogedor, pero simple, corriente e incluso antipático y feo. Es el color de la pereza, lo desagradable y lo anticuado. Evoca a la pobreza y la suciedad. Es un color cercano, pero debe ser utilizado en tejidos y estructuras que transmitan calidad para evitar las connotaciones más negativas.

El gris es el color del aburrimiento, lo anticuado y lo cruel. Se trata de un color sin carácter que indica soledad, fealdad y mal carácter. Es insensible e indiferente. Evoca a la vejez, el olvido, el pasado. Si vistes de gris en un estilo elegante, transmites que eres una persona conformista, corriente, conservadora y práctica.

Colores y carisma

¿Hay colores que transmiten autoridad y colores que transmiten accesibilidad y cercanía? No exactamente..., aunque de algún modo sí. Nadie podría decirte algo como «el negro es un indicador de autoridad y el blanco de accesibilidad». El impacto que tienes en otras personas se crea como resultado de una combinación de influencias, de modo que siempre van a entrar en juego variables diversas.

Para que te hagas una idea, a grandes rasgos, vamos a comentar algunas de esas variables aplicadas a los colores de tu vestimenta.

Generalmente, los colores neutros transmiten mayor autoridad y, cuanto más lejanos de la neutralidad, denotan más accesibilidad. Un traje negro, blanco, gris, beige o incluso azul oscuro transmiten mayor autoridad que el mismo traje en color rosa, naranja o violeta.

A la elección de color, se suma la influencia del tipo de tejido y de confección. Las prendas más estructuradas y firmes tienden a transmitir mayor autoridad que las prendas desestructuradas y holgadas o vaporosas.

Otro aspecto que interviene en el impacto es el estilo de las prendas que eliges. Cuanto más formal es el atuendo, mayor autoridad comunica. Y cuanto más desenfadado, mayor cercanía y accesibilidad. En relación con esto, tal vez te haya llamado la atención en alguna ocasión el hecho de que las personas que necesitan ganarse la autoridad de la gente suelen vestir más formales que aquellas personas que, por ser quienes son, ya tienen autoridad. Por ejemplo, en base a esto, es probable que veas vestido muy formal al trabajador de la compañía de seguros o al emprendedor que te vende un producto y, en cambio, verás en tejanos y camiseta a personas como Elon Musk o Jeff Bezos. ¿Por qué? Porque el vendedor de seguros necesita hacer un esfuerzo muy grande para transmitirte su profesionalidad, pues tu actitud de partida es posible que sea recelosa. En cambio, Elon Musk no necesita convencer a nadie de nada. ¿Su vestimenta se pasa de accesible? Eso no afecta a la autoridad que transmite porque posee el elemento infalible: su nombre. Ojalá tú también llegues en algún momento a esa posición privilegiada de tener un nombre que hable por sí solo (bien, por supuesto). Mientras tanto, seguimos trabajando en crear un impacto poderoso. Porque afortunadamente, se trata de algo que puedes conseguir sin problema, con tus decisiones y acciones.

4

CONDICIONAMIENTO: ¿PARA QUÉ QUIERES PREDISPONER A LAS PERSONAS?

Vamos a sumergirnos en el poder del condicionamiento. ¿Sabes a qué me refiero? Te lo voy a explicar, pero primero te propongo una breve actividad introductoria que te va a ayudar a ver con mayor claridad las explicaciones de este capítulo. Vas a encontrar una sopa de letras de catorce filas por catorce columnas. En ella están ocultas varias palabras (por lo menos, doce palabras largas, pero también puede que veas algunas monosílabas aleatorias). Dedica un par de minutos a tratar de localizar las doce palabras largas, y escríbelas en tu libreta.

Más adelante volveremos sobre el ejercicio de la sopa de letras. Pero primero voy a ponerte en contexto sobre la competencia que estaremos desarrollando en este capítulo: el condicionamiento.

```
K  D  E  N  T  U  S  I  A  S  M  O  P  D
I  M  P  R  E  S  I  O  N  A  N  T  E  E
E  T  M  M  Z  A  C  L  F  O  T  C  R  S
N  K  U  O  A  K  L  U  O  O  M  Q  S  A
U  M  X  U  V  J  Y  E  P  L  A  S  U  R
D  V  P  X  B  Q  P  T  G  K  M  L  A  R
E  A  G  K  M  B  V  D  E  R  Q  R  S  O
N  P  O  U  X  I  U  F  L  V  I  H  I  L
E  M  O  C  I  O  N  A  N  T  E  A  O  L
R  D  R  A  C  A  R  I  S  M  A  L  N  O
G  O  T  M  E  M  O  R  A  B  L  E  W  T
I  D  A  P  R  E  N  D  I  Z  A  J  E  A
A  E  H  S  L  N  I  M  P  A  C  T  O  X
E  N  T  R  E  N  A  M  I  E  N  T  O  P
```

El condicionamiento, en palabras de Hsu y Schütt, es el efecto memorístico implícito en el cual la exposición a un estímulo influye en la respuesta a un estímulo posterior. Esto puede ocurrir siguiendo la repetición de estímulos perceptuales, semánticos o conceptuales.

Dicho de forma más simple, es el uso de palabras, colores, imágenes y conductas para influir en el comportamiento, las expectativas y las acciones de otra persona. Se trata de condicionar su respuesta a una situación a través de estímulos previos que lleven a esa persona en una dirección determinada.

Y esto es lo que vamos a entrenar en este paso: tu competencia para condicionar a las personas hacia un comportamiento concreto.

Lo cierto es que esta competencia puede, muy fácilmente, ser utilizada para fines poco nobles. Pero también es cierto que no te compensa hacerlo así. Tu principal objetivo en este proceso de transformación personal es tener un impacto poderoso en las personas; ser memorable, gustar y conseguir tus objetivos a través de relaciones sociales inteligentes. Y utilizar lo que aprendas en perjuicio de otra persona, bajo ningún concepto beneficiará a tu imagen ni a tu impacto en las personas. Por eso aquí nos vamos a centrar en condicionar a otros hacia el éxito. Vamos a condicionarlos hacia resultados positivos.

Cuando una persona domina esta competencia, condiciona en persona, con sus palabras y su imagen. Pero también condiciona por teléfono, por email, condiciona con lo que escribe, condiciona con lo que transmite a través de sus redes sociales...

No sé qué pensarás en estos momentos, pero casi podría asegurarte que este paso de tu entrenamiento va a ser uno de tus favoritos. Es un paso poderoso. Especialmente para personas con tendencia a la introversión.

El condicionamiento en el rendimiento físico

El profesor de la Brunel University (Londres), Georgios Loizou, dirigió una investigación que buscaba comprobar el nivel de impacto de diferentes tipos de condicionamiento a la hora de influir en el rendimiento físico de los deportistas.

Para ello, dividió a una muestra de deportistas en cuatro grupos y, previamente a la realización de una prueba física de tipo anaeróbico, los sometió a diferentes combinaciones de condicionamiento:

- Grupo 1: Condicionamiento a través de la música, donde los participantes escuchaban pistas musicales motivadoras.
- Grupo 2: Condicionamiento a través de música y vídeo, donde además de las pistas musicales, los participantes visualizaban clips de personas con un buen desempeño anaeróbico.
- Grupo 3: Condicionamiento a través de música, vídeo y mensajes verbales, donde los participantes, además de todo lo anterior, escuchaban mensajes orales que incluían términos en relación con la fuerza, la resistencia y los resultados.
- Grupo 4: Fue el grupo de control, que no recibió condicionamiento previo a la prueba.

Antes y después de la prueba, se recogieron datos individuales acerca de su nivel de motivación y atracción hacia el ejercicio y acerca de su estado emocional y anímico.

Las conclusiones del estudio mostraron que el grupo que recibió un condicionamiento compuesto por música, vídeo y mensajes verbales tuvo mejores resultados que los otros tres grupos que realizaron la prueba física, seguido por el grupo que fue sometido a un condicionamiento de solo música.

Las personas somos auditivamente muy sensibles al condicionamiento psicológico. Las palabras tienen un impacto poderoso en nuestros resultados, y también otro tipo de sonidos, como puede ser la música adecuada. Visualmente somos condicionables también, pero no en la misma medida en que lo somos a través del oído.

La intensidad del sabor

Quiero hablarte brevemente de una investigación muy interesante en relación con esto del condicionamiento.

Los directores de la investigación fueron el profesor de la Cornell University Brian Wansink y el investigador militar Alan Wright, y el estudio lo llevaron a cabo en 2004, con un grupo de militares. Este mismo profesor (Wansink) ya había realizado numerosas investigaciones en relación con cómo determinados elementos del marketing de los alimentos influyen en las decisiones de compra e incluso en la valoración del sabor o calidad de los productos o en la cantidad de producto que se consume. Elementos como los colores, los empaquetados, las fechas de caducidad, el listado de ingredientes, el logo de la marca y algunos otros.

Lo que hicieron en este estudio fue pedir a los treinta y dos participantes que entraran, por turnos de ocho personas, en una habitación oscura donde no podían ver absolutamente nada. Les explicaron que la Armada estaba testando el sabor de unos nuevos yogures de fresa y que necesitaban su colaboración a la hora de valorar el sabor. Indicaron que querían asegurarse de que el sabor era agradable, incluso en circunstancias en que los consumidores estaban a oscuras, pues los soldados a menudo se ven teniendo que comer en condiciones similares.

Una vez allí, les repartió los yogures y les pidió que puntuaran la intensidad del sabor a fresa. Si el sabor de la fresa era apenas apreciable, debían darle una puntuación baja y si, en cambio, notaban el sabor de la fresa de forma intensa, evidente, debían darle una puntuación alta.

Bien, pues el 59,3 por ciento de los participantes valoraron que el sabor a fresa era bastante apreciable. Hubo incluso comentarios puntuales de soldados que afirmaban que esta sería su nueva marca favorita de yogures, pues el yogur de fresa era su favorito y este les había gustado especialmente.

El yogur era de chocolate. Nada de fresa. Chocolate.

Pero los participantes fueron condicionados a creer que el yogur era de fresa, y ese condicionamiento llevó incluso a modificar psicológicamente su percepción sensitiva. El sentido del gusto lo seguían teniendo, y funcionaba. Sin embargo, fíjate en lo poderoso que es el condicionamiento, que los llevó a convencerse a sí mismos de que lo que estaban percibiendo a través de sus sentidos no era lo que realmente era.

Y en este ejemplo, la preparación de ese condicionamiento no fue para nada sofisticada. Simplemente se les dijo que el yogur les iba a saber a fresa. Y se les preguntó cómo de intenso era el sabor a fresa.

Imagínate lo que puedes conseguir tú, entrenando tu habilidad para el condicionamiento psicológico.

El uso de las palabras para persuadir

Hay mucha ciencia en torno al poder del condicionamiento. Ya te he mencionado algún ejemplo de estudios donde se demostró el potencial de esta estrategia, y te mencionaré alguno más a lo largo del capítulo. Sin embargo, más allá de los resultados concretos de investigaciones donde se confirme esto, de forma intuitiva sabemos que las palabras son poderosas. De hecho, se trata de un aprendizaje de los más tempranos. Cualquier niño de cuatro años sabe cómo influir en las decisiones de los adultos, utilizando las palabras adecuadas.

Personalmente, siempre me han interesado mucho las palabras. Y cuanto más comprobaba lo poderosas que pueden llegar a ser, más me fascinaban.

Lo que ocurre con las palabras es que, para elegirlas a conciencia, necesitamos tiempo, y no siempre es posible armar una estrategia de condicionamiento sobre la marcha mientras tenemos una conversación con alguien. Ni con toda la facilidad de palabra del mundo llega a ser algo tan fácil como lo es escoger las palabras cuando escribimos.

Al escribir, podemos tomarnos nuestro tiempo para escoger las palabras. Por eso quiero recomendarte que practiques muchísimo... por escrito. Te voy a proponer desafíos concretos en este sentido más adelante, y me gustaría que los lleves a cabo. Solo tras haber diseñado tus estrategias verbales por escrito muchas veces, ganarás soltura en el condicionamiento a través de las palabras.

Como las palabras escritas y su influencia siempre me han fascinado, toda mi vida he prestado una especial atención a las oportunidades que he tenido de obtener resultados a través de ellas. Te pongo algún ejemplo personal.

Palabras de matrícula de honor

En mis años como estudiante universitaria, mis calificaciones fueron siempre buenas, con excepciones. Pero en ocasiones, mis calificaciones fueron excelentes, de matrícula de honor. ¿Imaginas en qué ocasiones exactamente obtuve una calificación de matrícula de honor en la universidad? Pues existe un patrón...

De las doce matrículas de honor que se me concedieron en mis años de estudio, ninguna fue realmente por ser buena estudiante o por tener buena capacidad memorística. Ni siquiera fueron por saber razonar ni por demostrar una buena aptitud práctica en la materia.

Ahí va el patrón: la mayoría de mis matrículas de honor fueron en asignaturas donde la evaluación se realizaba a través de un proyecto escrito exclusivamente. Sin exámenes, ni trabajos de grupo, ni exposiciones orales, ni prácticas semanales. Solo un gran proyecto escrito.

Así como mi capacidad memorística es extremadamente mejorable (supongo que por toda una vida usando agendas en lugar de la memoria) y mi desempeño en los exámenes no era malo, pero tampoco para lanzar cohetes, la atención que yo ponía en las palabras cuando tenía la oportunidad de escogerlas con calma, era muy alta.

Da igual lo buen o mal estudiante que hayas sido (o seas) tú. Si sabes utilizar bien tus palabras, te conviertes en alumno de matrícula de honor en cuanto la evaluación depende de las palabras que eliges.

El plan de negocio

Otro ejemplo personal que te puedo poner es el de mi primer plan de negocio. No deja de ser algo similar a mis proyectos de la universidad: un trabajo escrito a través del cual alguien me evaluaba por alguna razón.

Dediqué tiempo a elaborar a conciencia ese plan de negocio. Tuve un mentor maravilloso, Guillermo García, un empresario jubilado que dedicaba parte de su tiempo a ayudar a jóvenes emprendedores a través de la asociación SECOT (Seniors Españoles para la Cooperación Técnica).

Él me orientó en todas las cuestiones formales en la realización de un plan de negocio. Y yo seguí sus consejos religiosamente, pues él (y no yo) era quien manejaba el lenguaje de quienes luego evaluarían mi plan de negocio. Me aconsejó en relación con qué elementos iban a ser más importantes a la hora de convencer a la otra persona de que se trataba de un gran proyecto. Yo puse sobre la mesa todo mi esfuerzo a la hora de escoger las palabras que transmitieran lo que él me decía que convenía que vieran otros en mi propuesta.

La propuesta de empresa no estaba mal. Pero el plan de negocio como documento escrito era genial.

Con ese plan de negocio, tal y como lo cerramos:

- Conseguí una beca de una entidad bancaria para viajar a San Francisco, con todos los gastos pagados, y aprender de la mano de grandes emprendedores de Silicon Valley, además de visitar empresas como Google, Facebook, Intel, Linkedin y de hacer uso de espacios de Coworking fantásticos en la ciudad.
- La Diputación de mi provincia me concedió dos premios al emprendimiento, que suponían aportaciones económicas, además de unos trofeos de piedra muy bonitos que mi madre luce muy orgullosa en su balcón.
- Obtuve, por parte de otra entidad bancaria, una beca para irme tres meses con sueldo a un país de América Latina a entrar en contacto y aprender de las *start-ups* locales. En esta ocasión, como me encontraba a mitad de mi embarazo cuando se me concedió la beca y prefería estar en un entorno conocido por los posibles imprevistos, nuevamente hice uso de las palabras para pelear por el resultado más improbable: que pudiera ir mi hermana en mi lugar para disfrutar ella de la oportunidad. Pues una vez más, las palabras hicieron posible lo improbable.

Las palabras lo son todo. Y con ellas puedes conseguir resultados maravillosos en tu día a día. Las palabras pueden abrirte puertas que siempre creíste que estarían cerradas para ti.

Interrupciones condicionadas

Vamos con otra investigación también muy interesante. En este caso se trata de un estudio llevado a cabo por el profesor de Psicología de la Universidad de Yale John Bargh.

Este profesor quería averiguar si podía condicionar el comportamiento de las personas a través de una actividad extremadamente sencilla.

Dividió a una muestra de participantes en tres grupos y les puso una actividad lúdica: un rompecabezas de letras. Consistía en reordenar varios grupos de letras para conseguir formar palabras. La prueba se realizaba de forma individual, de modo que cada persona de la muestra se enfrentaba a su rompecabezas de letras en solitario, en un aula.

- Al grupo 1 se le denominó «grupo de comportamientos maleducados». Y las personas de este grupo, al realizar su rompecabezas de letras, se encontraban palabras vinculadas a la mala educación y los malos modales. Por ejemplo: agresivo, molestar, insolente.
- Al grupo 2 se le denominó «grupo de comportamientos educados». Y las personas de este grupo encon-

traban en su rompecabezas de letras palabras relacionadas con la buena educación y las costumbres respetuosas. Por ejemplo: paciencia, amable, respeto.

- Al grupo 3 se le denominó «grupo de comportamientos neutros». Y estas personas encontraban palabras con una carga emocional neutra. Por ejemplo: banco, estructura, sistema.

Las instrucciones recibidas por cada persona que participó en la investigación fueron que debían realizar su rompecabezas de letras y que, en cuanto creyeran que habían terminado, debían avisar al investigador.

Pero ¿qué ocurría cuando terminaban? Que en cuanto se acercaban hacia el investigador, se lo encontraban en medio de una conversación muy amena con otro investigador. Esa conversación era parte del estudio. Ambos investigadores estaban teniendo una conversación coloquial pero intensa, alegre y entretenida. Y lo que se quería observar era qué participantes decidían interrumpir la conversación para mostrar su ejercicio y cuáles esperaban, pacientemente y en silencio, a que terminara la conversación.

Esta conversación, en el estudio, duraba diez minutos... o lo que tardara el participante en cuestión en interrumpir. ¿Quieres saber qué ocurrió? Fíjate en lo simple que fue la tarea previa. No cabría pensar que un ejercicio así pudiera condicionar psicológicamente de ningún modo, ¿verdad? Pues estos fueron los resultados:

- El grupo 1, grupo de comportamientos maleducados, optó por interrumpir la conversación de los investigadores en un 60 por ciento de los casos.
- El grupo 3, grupo de comportamientos neutros, interrumpió la conversación en un 40 por ciento de los casos.
- Y el grupo 2, grupo de comportamientos educados, escogió interrumpir a los investigadores únicamente en un 20 por ciento de los casos.

En los tres grupos el comportamiento se correspondía con el tipo de estímulo previo. Y recuerda lo sutil que había sido el estímulo. Únicamente se habían puesto ciertas palabras ante los ojos de los participantes. Sin más. ¿No te resulta impactante con qué poco podemos condicionar el comportamiento de otra persona?

Las palabras que usas condicionan el comportamiento y la actitud que otras personas tienen hacia ti. Y esto es algo poderoso que vas a utilizar para pulir tu impacto, sin lugar a dudas.

¿Recuerdas la sopa de letras que te proponía resolver al inicio de este capítulo? Era solo un juego, pero seguro que ahora, si echas de nuevo un vistazo a las palabras del ejercicio, ves el sentido de hacer algo así al inicio de una interacción como puede serlo una actividad educativa en un aula o un programa de entrenamiento. Puedes condicionar la actitud de esas personas hacia ti muy fácilmente.

Condicionamiento espontáneo

El condicionamiento es algo poderoso si sabemos aplicarlo correctamente. Pero también puede ser desastroso si lo ejercemos del modo incorrecto.

Lo cierto es que todas las personas lo aplicamos constantemente. Todos los días de nuestra vida. Pero la mayoría de las personas lo aplican sin saber que lo están haciendo, lo hacen de forma espontánea y sin estrategia. Y esto es potencialmente peligroso. Porque si no escoges el tipo de condicionamiento que ejerces, podrías ejercerlo de modo perjudicial para ti y para tu relación con otras personas, y todo esto sin querer y sin siquiera enterarte.

Vamos a ver un ejemplo de condicionamiento espontáneo y cómo podría volverse no tan espontáneo, sino un poco más estratégico.

No sé si has ido alguna vez a un evento de *networking*. Es un contexto muy particular, donde la gente se presenta y explica a qué se dedica a otras personas en el evento. Todo de forma individual y bastante estructurada. Tú te presentas, la otra persona se presenta y lo más probable es que tras unos minutos de charla, ambos sigáis presentándoos a otras personas.

Imagínate que te encuentras conmigo en un evento de *networking* y me presento del siguiente modo:

> «¡Hola! Yo soy Sandra Burgos y trabajo entrenando la inteligencia social de las personas a través de programas de formación prácticos y enfocados al desarrollo de determinadas competencias interpersonales».

¿Qué tal? ¿Qué te parece esa presentación? Correcta, ¿verdad? Profesional y eficiente, porque con no muchas palabras expliqué quién soy y a qué me dedico. Simplemente correcta. Aunque tal vez un poco aburrida y complicada para que la otra persona capte realmente qué hago sin mucho procesamiento mental.

Ahora imagina que en lugar de presentarme como acabas de ver, me presento de este otro modo:

«¡Hola! Yo soy Sandra Burgos y trabajo mostrando a las personas cómo evitar meteduras de pata sociales que podrían arruinar la reputación y cómo corregir las limitaciones en competencias sociales».

¿Y ahora qué tal? ¿Mejor o peor? Pues lo cierto es que ambas funcionan de forma catastrófica. La primera presentación era totalmente neutra. Con un lenguaje que transmitía únicamente autoridad. En esta segunda presentación he incluido cierta dosis de accesibilidad, y lo he hecho incorporando un lenguaje más emocional y cercano. Sin embargo, las palabras seleccionadas para hacerlo dan lugar a un condicionamiento extremadamente negativo. El subconsciente de la otra persona oye palabras como:

- evitar
- meteduras de pata
- arruinar la reputación
- corregir
- limitaciones

Imagínate lo que estoy provocando que ocurra a partir de ese momento. Le estoy diciendo a tu subconsciente que todo lo que traigo es trágico y negativo. Tal vez racionalmente pienses «vaya, qué interesante». Sin embargo, emocionalmente y de forma inconsciente vas a sentir el impulso de huir.

Vamos con una tercera alternativa a este mismo mensaje. Nos conocemos en ese evento de *networking* y me presento así:

«¡Buenos días! Yo soy Sandra Burgos, encantada de saludarte. Te cuento a qué me dedico, es algo que me entusiasma. Entreno a personas que desean tener un impacto memorable en sus relaciones con otros. Es un entrenamiento de habilidades sociales poderoso».

¿Te has fijado en lo potente que es el condicionamiento aplicado a esta presentación? El subconsciente de la otra persona recibe impactos constantes de predisposición positiva. Y lo hace a través de palabras como:

- buenos
- encantada
- entusiasma
- memorable
- habilidades
- poderoso

Por alguna razón, en el contexto profesional damos por hecho que la comunicación debe ser distante, seria y, por supuesto, sin emociones de por medio. Pero ¿sabes qué? Error. Cuando nos comunicamos de ese modo, transmitimos mucha autoridad, sí, pero no impresionamos a nadie, no gustamos, no conseguimos que nos recuerden, porque falta el toque de cercanía imprescindible para el carisma.

Tienes en mente la ecuación del carisma, ¿verdad? Autoridad y accesibilidad. No en todos los contextos las vamos a desplegar en la misma medida porque no en todos los contextos tenemos los mismos objetivos. Pero ambos son imprescindibles si buscamos tener un impacto poderoso y memorable. Y sobre todo si buscamos transmitir una imagen que resulte atractiva e incluso admirable para otros.

Desafío: Análisis de condicionamiento en presentaciones

Ahora quiero proponerte que busques algunos ejemplos de presentaciones, y me gustaría que tú mismo analices qué ocurre en cada uno de ellos. Busca, por ejemplo, en vídeos online donde diferentes profesionales se presenten. Haz una selección de al menos cinco ejemplos para analizarlos. Y busca también en perfiles de redes sociales profesionales. Trata de localizar descripciones un poco diferentes, que intenten ser originales, que es cuando las personas suelen meterse en el terreno emocional. Intenta trabajar con otros cinco perfiles para hacer, en total, diez análisis de presentaciones (cinco en vídeo y cinco escritas).

Todas esas presentaciones que vas a encontrar probablemente sean de personas competentes y con cierta habilidad para gustar y caer bien. Sin embargo, sus presentaciones no siempre establecerán un condicionamiento positivo (salvo que tengas muy buena puntería en tu selección).

Ten tu libreta a mano y comienza tu análisis. Para cada uno de los casos, toma nota sobre cuatro elementos:

1. Lenguaje positivo presente en la redacción.
2. Lenguaje negativo.
3. Diagnóstico de condicionamiento, es decir, ¿qué conclusiones sacas tú de esa presentación?
4. ¿Cómo se podría mejorar? Redacta tú mismo la presentación con las mejoras que consideres más oportunas.

¿Si no aplican un condicionamiento positivo significa que lo están haciendo mal? No necesariamente. Tal vez en ese vídeo únicamente les interesa transmitir autoridad, aunque eso no las haga parecer carismáticas. O tal vez es un vídeo creado para perturbar. O, lo más probable..., no sepan que pueden condicionar psicológicamente a las personas con las palabras que utilizan.

Condicionamiento escrito

Has visto ejemplos de cómo aplicamos u omitimos aplicar el condicionamiento cuando hablamos con otra persona o cuando le hablamos a una audiencia. Ahora vamos a pasarnos al contexto escrito. Por ejemplo, a través de emails.

Imagina que tienes una llamada telefónica con un profesional para un posible proyecto colaborativo. Y en esa llamada quedas en enviarle una propuesta por email esa misma tarde.

Bien, pues esto es lo que le escribes en el email:

«Hola Francisco. Te adjunto la propuesta de la que hablamos por teléfono esta mañana. Échale un vistazo y la comentamos en la reunión del jueves. Saludos».

¿Le ves algo de malo a este email? Pues tanto como malo yo diría que no. Es un email de lo más correcto y profesional. Pero insípido. Esperamos que le agrade la propuesta que le hemos preparado. Sin embargo, dejamos pasar la maravillosa oportunidad de condicionar a Francisco para que le guste la propuesta. Una verdadera lástima.

¿Lo podíamos haber empeorado con un condicionamiento negativo? Sí, claro. Por ejemplo, si en lugar de decir «échale un vistazo y la comentamos en la reunión del jueves» le dijeras algo como «échale un vistazo y no tengas reparos en comentarme las dudas que te surjan o los problemas que le veas». Catastrófico, ¿verdad? En una sola frase nos encargamos de dispararle a su subconsciente dinamita en forma de reparos, dudas y problemas.

Pero ¿cómo podríamos mejorar el email para que ejerciera un condicionamiento positivo en Francisco? Tal vez con algo así:

«Buenas tardes, Francisco. Me alegra decirte que he estado preparando una propuesta y tengo la convicción de que va a ser beneficiosa para ambos. Échale un vistazo y en la reunión del jueves comentamos todo lo que te parezca interesante. Estoy seguro de que de aquí va a salir algo bueno. Saludos».

Lo he exagerado ligeramente para que veas la de oportunidades que tenemos en cada frase para condicionar positivamente. Tal vez con una pizca menos de entusiasmo, pero realmente podría quedarse más o menos así y estaría perfecto para impactar al subconsciente. ¿Qué palabras de esta nueva propuesta de email condicionarán al subconsciente de Francisco para que la propuesta le parezca interesante? Palabras como estas:

- buenas
- alegra
- convicción
- beneficiosa
- interesante
- seguro
- bueno

De lo que se trata todo esto del condicionamiento psicológico es de que decidas exactamente cómo te beneficiaría a ti que se sintiera la otra persona en esa interacción contigo.

¿Quieres que se sienta entusiasmada por firmar el

acuerdo? Utiliza en tu vocabulario exactamente eso. Las palabras entusiasmo y firmar. O utiliza otras menos obvias pero que dirijan a las mismas emociones. Se trata de una habilidad muy sencilla y tremendamente poderosa. Lo único que requiere de ti es que la pongas en práctica muchas veces hasta que ganes fluidez y consigas condicionar a las personas sobre la marcha, de forma prácticamente espontánea.

Esta competencia en particular, la del condicionamiento, es una herramienta vital, sobre todo para personas introvertidas, a la hora de generar un impacto potente. Porque mucho antes de que la otra persona te haya visto siquiera, tú habrás preparado a su subconsciente para que le gustes tú y tus ideas.

Desafío: Análisis de condicionamiento en emails

Ahora quiero invitarte a que repitas el ejercicio de análisis de condicionamiento que has hecho con los vídeos de presentaciones, pero en esta ocasión con correos electrónicos que hayas recibido o enviado.

Utiliza la misma estructura y analiza varios emails que hayan entrado o salido recientemente de tu cuenta de correo. Escoge los más importantes, los que antecedían a un encuentro o una toma de una decisión.

De entre los que has recibido, tal vez te apetezca incluso analizar algún email comercial, porque verás patrones interesantes. Y de entre los que has enviado, elige los que tuvieran el potencial de generar un impacto y beneficiarte de algún modo, independientemente de que hayan conseguido el objetivo o no.

Estudia en ellos el lenguaje negativo, el positivo, extrae tus conclusiones generales sobre el lenguaje utilizado y haz una propuesta de transformación de alguna parte del texto o del texto en su totalidad.

Además de esto, quiero proponerte un análisis adicional, que es el de los pronombres. Identifica en esos emails las veces que quien escribe habla en singular, desde el yo, y las veces que habla de nosotros. Por ejemplo, es muy diferente a nivel de condicionamiento psicológico decir «en la reunión te voy a explicar cómo se aplicaría esta propuesta» o decir «en la reunión vamos a hablar de cómo se aplicaría esta propuesta». Cuando hablamos desde el «nosotros», le estamos diciendo al subconsciente de la otra persona que formamos parte del mismo equipo, que estamos del mismo lado, que compartimos objetivos. Y eso es poderoso.

Condicionamiento de la exactitud

Voy a hablarte brevemente de otra investigación psicológica que se llevó a cabo en relación con el condicionamiento y cuyos resultados son muy gráficos y reveladores. Es algo antigua, pero sus aprendizajes siguen siendo aplicados en la actualidad con el mismo éxito.

El director de la investigación fue el profesor de psicología de la Universidad Estatal de Arizona, Robert Cialdini. Se trata de una investigación que ya tiene unos años, es de 1976. Pero quiero que la conozcas porque este estudio concreto fue el precursor de una de las estrategias psicológicas más utilizadas en campañas humanitarias de la época y todavía a día de hoy. Precisamente por lo significativo que fue el resultado. Y porque funciona.

Este profesor y su equipo llevaron a cabo un experimento en el cual realizaron varias sesiones de puerta fría pidiendo a personas aleatorias su ayuda con una causa humanitaria. Pero para hacerlo, tras la presentación de la causa, se utilizaron dos oraciones diferentes para formular la petición de ayuda de forma explícita. En realidad, eran casi iguales, salvo por un pequeño detalle. Y se buscaba averiguar si esa pequeña diferencia se traducía en una respuesta distinta por parte de las personas cuando la oían.

La primera oración, que se utilizó con la mitad de la muestra, fue la siguiente: «¿Estarías dispuesto a ayudar con una donación?». Es una pregunta sencilla y muy directa. No está mal.

Y la segunda oración, que se utilizó con la otra mitad de la muestra, fue: «¿Estarías dispuesto a ayudar con una donación? Incluso un céntimo ayuda». Ves que son la misma oración, ¿verdad? Pero en la segunda versión se añadió la parte final: «incluso un centavo ayuda».

Pues bien, cuando se utilizó la primera oración, hizo donaciones el 28 por ciento de la muestra. Y cuando se utilizó la segunda oración, hizo donaciones el 50 por ciento de la muestra. Es una diferencia enorme. Y lo único que cambiaba a la hora de buscar ese resultado era esa brevísima parte final en la petición de ayuda.

Después de este estudio, los investigadores implementaron variantes donde, en lugar de mencionar un centavo, mencionaban un dólar o cinco dólares. Finalmente, las conclusiones generales fueron las siguientes:

Conclusión 1:
Para empezar, cuando a la otra persona le hacemos una petición de forma exacta, las probabilidades de que la respuesta sea positiva son muy superiores al caso en que simplemente solicitamos ayuda de forma imprecisa. Decir un centavo, un dólar, cinco dólares condiciona a la otra persona para que acceda, porque está visualizando exactamente la magnitud de la petición.

Conclusión 2:
Por otro lado, cuando esa cantidad exacta es claramente inferior a lo deseable, se recibe mucho más que cuando se acerca a lo deseable. Por ejemplo, cuando decían «incluso un centavo ayuda», es evidente que un centavo está muy lejos de lo deseable. En cambio, ante la oración «incluso cinco dólares ayudan», la percepción era de que se trataba de una cantidad más razonable, y le tomaban la palabra donando exactamente cinco dólares. Al mencionar un centavo, las donaciones eran superiores a cuando se mencionaban cinco dólares.

<u>Conclusión 3:</u>

Y finalmente, el hecho de terminar la petición con la palabra «ayuda» (incluso un centavo ayuda) condicionaba a las personas para querer ayudar. En la primera versión de la oración, la última palabra era «donación» («¿Estarías dispuesto a ayudar con una donación?»), y lo cierto es que nadie está buscando hacer donaciones. En cambio, las personas sí queremos sentir que ayudamos, que somos buenas. De modo que ese disparo final al subconsciente dejando el pensamiento en la palabra «ayuda» en lugar de «donación», es doblemente efectivo.

A día de hoy, estoy segura de que te habrás encontrado mil veces con campañas que utilizan la psicología de este estudio en alguna de sus variantes. Hay campañas enteras cuyo lema es «cada céntimo cuenta» o «cada euro cuenta». Y sigue siendo exactamente igual de eficaz que en 1976.

El condicionamiento por exactitud es extremadamente poderoso.

Condicionamiento comercial

¿Cómo trasladamos esto que ya sabemos sobre el condicionamiento al terreno comercial? En el terreno comercial la pauta es extremadamente sencilla. Y es muy efectiva, si la aplicas bien.

Tienes que identificar cómo se quiere sentir tu potencial cliente y en qué se quiere convertir. Y para esto, debes aprender a dejar de lado el producto o servicio que vendes. Enfócate en el resultado en la vida de tu cliente.

Imagina que vendes coches. Tu potencial cliente no va a decidir dejarse su dinero en tu concesionario porque los amortiguadores del coche que le enseñas sean de tipo X o porque el peso del coche sea mayor o menor. Va a dejarse el dinero porque sus hijos lleguen a salvo al colegio, porque su familia no corra peligro en la carretera cuando el clima se complica.

De modo que tu cliente va a estar más condicionado a comprar si oye salir por tu boca palabras como «seguridad» o «estable» que si solo oye palabras como «suspensión» o «amortiguadores hidráulicos». Y definitivamente, lo último que querrías lanzarle a su subconsciente son expresiones como «evitar pérdidas de control en carretera» o «menor riesgo de accidente por inestabilidad». Te das cuenta de la diferencia, ¿verdad? Me imagino que a estas alturas ya identificas bien el lenguaje que condiciona en dirección de persuasión o de huida.

Lo importante es que sepas identificar exactamente qué es lo que va a motivar a tu cliente hacia la compra, es decir, qué resultado está buscando. No qué características de tu producto, sino qué resultado en su vida.

Por lo tanto, tu estrategia no será la misma si tu potencial cliente está ojeando coches familiares que si se mueve entre los coches deportivos o los coches elegantes de alta gama.

Observa muy bien a tu potencial cliente. Y en base a la información que recojas, selecciona tus palabras. En esto se basa el condicionamiento comercial, y es tremendamente efectivo.

Condicionamiento de la marca

¿Y qué ocurre con las marcas? ¿Nos condicionan con su imagen? La respuesta es evidente, ¿verdad?

Quiero proponerte que analices qué es lo que transmite alguna marca que te guste. Puede ser de ropa, de alimentación, de muebles, de lo que quieras.

Voy a mostrarte algunas que me gustan a mí para que te sirvan de ejemplo aunque, por una cuestión de derechos de imagen, no podré incorporar logos ni capturas de sus webs. Sin embargo, te animo a que las busques online para que puedas ver de qué te hablo.

Amazon

Vamos a empezar por Amazon porque estoy segura de que todo el mundo lo conoce. Tú ves su logo en una de sus cajas o en la web y ¿qué mensaje recibe tu cerebro de forma más o menos consciente? Pues principalmente tres cosas:

1. Es muy sencillo de usar: La tipografía es muy sencilla, sin complicaciones. Tu subconsciente capta al instante que la experiencia de comprar en Amazon es sencilla.

2. La mercancía va a ti: Directamente, Amazon nos muestra una flecha que va de la «a» a la «z». Esto quiere transmitirnos que, estés donde estés, Amazon se encarga de que te llegue la mercancía. Y esto da credibilidad.
3. Comprar en Amazon te hace feliz. Supongo que ya te habrás fijado, pero esa misma flecha es una sonrisa. De hecho, es una sonrisa pilla, con el pequeño surco en uno de los extremos, como dando a entender que habrá oportunidades únicas en la plataforma.

Lo que podría parecer un logo sencillo e incluso improvisado, es de todo menos improvisado. Hay mucha psicología aplicada al diseño del logo de Amazon.

Vamos ahora a comparar dos tiendas de ropa, para que veas la diferencia entre cómo nos condiciona cada una.

SÉZANE Y UNIQLO

Por un lado tenemos Sézane, una marca francesa. Solo con su logo, donde usa una tipografía fina y delicada, ya aplica el condicionamiento dirigido a hacer que la clienta sienta feminidad en un sentido clásico, delicadeza, desenfado. Incluso la pronunciación del nombre es suave y transmite lo mismo. Con la estética de su web, apunta igualmente a estos condicionamientos. Un diseño elegante con imágenes de mujeres desenfadadas, delicadas y con clase. Si eso es lo que buscas en ti, te lo venden solo con mirarla.

Vamos, por otro lado, con Uniqlo. El diseño del logo es sencillo y estructurado. Está incluso metido en un cuadrado para dar más estructura. Y este es precisamente el condicionamiento que ejerce. Tu estética será minimalista, estructurada y sin complicaciones.

Así como en Sézane las fotografías contaban una historia, transmitían una determinada actitud, aquí se trata de fotografías planas. Lo que ves es lo que hay. Sin adornos ni historias. Sencillez incluso un poco futurista. Y eso es lo que vende. Moda con líneas sencillas, tejidos naturales y minimalista.

Vámonos ahora al chocolate. Compararemos dos marcas que venden prácticamente lo mismo, pero que condicionan de forma radicalmente distinta.

KINDER Y FERRERO ROCHER

Empezamos con Kinder. Kinder vende productos de chocolate. ¿Son productos para niños? Pues en principio no tendrían por qué serlo. Es chocolate, y el chocolate no tiene edad. Sin embargo, el condicionamiento que ejerce Kinder va en dos direcciones. Por un lado, ataca al subconsciente de los niños, con un diseño infantil y divertido. El logo parece incluso trazado con tiza y por una mano infantil. El diseño de la web, el empaquetamiento de los productos, incluso los juguetitos incluidos en algunos de ellos... Todo eso apunta directamente a que los niños vinculen la marca con diversión. Y consiguen hacerlo muy bien.

Pero atacan también en otra dirección. La de los adultos responsables de esos niños. El logo, en la web, está metido en un corazón. Utilizan imágenes de familias muy felices, con padres y madres amorosos y niños con una infancia ideal. ¿Qué te está diciendo a ti Kinder como padre o madre? Dale a tu hijo una infancia feliz. Demuéstrale cuánto lo quieres. Y con estos productos tendrás buena parte del trabajo hecho. Extremadamente eficaz.

Pero vamos a ver otra marca de la misma empresa que también vende chocolate: Ferrero Rocher. Salvo en el caso de los bombones de licor, en el resto de los productos, los ingredientes son muy similares a los que utiliza Kinder. Casi podríamos decir que es el mismo producto presentado de diferente manera.

A Ferrero Rocher no le interesan los niños, le interesan los adultos. ¿Y con qué nos condiciona? Con la sofisticación. El logo utiliza una tipografía señorial e incorpora el elemento oro para darle más caché. Todo en Ferrero Rocher parece oro. No es lo mismo comprarte una caja de bombones aleatoria en tu supermercado que comprarte una caja de Ferrero. Si compras Ferrero Rocher, al instante estás a otro nivel, o eso quiere transmitirte la marca. Y lo hace con el logo, con los colores, con los materiales y el diseño de los envoltorios, con el empaquetamiento. Lo aplica absolutamente a cada detalle.

Otro ejemplo. Vamos con muebles.

Por un lado tenemos Ikea. Lo que transmite Ikea es que se trata de productos sencillos y de fabricación industrial. El mismo logo y la web tienen un aspecto industrial. No es acogedor ni hogareño. Lo que te transmite es exactamente lo que es. Calidad sencilla, precio sencillo, montaje sencillo.

Y como contrapunto he escogido una marca muy diferente: Hannun. Si la buscas y te fijas en la estética de su web, lo que transmite es totalmente distinto a lo que nos transmitía Ikea. El logo es minimalista y utilizan la letra A en forma de abeto. ¿Por qué? Porque es una marca ecológica, y quieren vincular la marca a la naturaleza. El diseño de la web, en general, transmite naturalidad, minimalismo ecológico y sostenible. Utilizan tonos claros, incorporan plantas en las fotografías. Los colores que escogen son colores de la naturaleza: beige y verde fundamentalmente.

Tú llegas a su web, y desde el primer segundo te están condicionando hacia un estilo de vida sostenible, natural y acogedor, pero minimalista al mismo tiempo. Aquí no hay sensación industrial, porque la fabricación de los muebles es artesanal. La sensación que tienes al verlo es muy diferente a la que experimentas al ver la web de Ikea.

Pues el condicionamiento aplicado por las marcas a través de sus diseños, sus logos y sus empaquetamientos es algo que tenemos muy normalizado. Sabemos que quieren condicionarnos psicológicamente para vendernos sus productos y nos parece de lo más normal. Pero aunque somos conscientes de ello, sigue siendo efectivo. Porque los mensajes al subconsciente son poderosos. Y aunque haya una parte consciente de esa percepción, la parte inconsciente no pierde importancia, porque ese mensaje se salta todos los filtros racionales.

Vamos ahora con otro ejercicio práctico.

Desafío: Análisis de condicionamiento en páginas web

Ya has visto varios ejemplos del modo en que las marcas nos condicionan a través de sus logos y sus webs. Ahora quiero proponerte que hagas tú el mismo ejercicio de análisis con otras webs de otros sectores.

Busca tú varios ejemplos de webs comerciales que suelas utilizar. Y me gustaría que los observes bien y que analices el diseño del logo, el diseño de la web, los colores que utilizan, qué transmiten esos colores, las formas que incorporan en los logos. Analiza en qué están poniendo el foco y qué es lo que quieren que sintamos al ver la web. Cuál es la sensación que quieren transmitirle a nuestro subconsciente.

Busca entre tus marcas favoritas y compáralas con otras del sector. Por ejemplo, puedes seleccionar dos marcas deportivas, o dos supermercados, o dos marcas de perfumes, o dos marcas de coches... Escoge las marcas por pares y analiza todos estos elementos en cada una de ellas:

- diseño del logo
- diseño de la web
- colores y su significado
- formas
- en qué ponen el foco
- qué quieren que sientas

Y si tú eres emprendedor, tienes tu propio negocio o estás en proceso de tenerlo, o incluso si no eres emprendedor pero tienes un rol de toma de decisiones en tu puesto de trabajo, te sugiero que repitas este mismo ejercicio con todas las webs que puedas de tu sector. Por ejemplo, si tienes un negocio de entrenamiento personal online, analiza todas las webs que puedas de tu competencia. Y fíjate en qué mensaje le está lanzando cada una de ellas al subconsciente del usuario. ¿Ves que se enfocan en hombres o en mujeres? ¿Ponen la atención en algún objetivo corporal concreto? Por ejemplo, la pérdida de peso, el desarrollo de masa muscular, el incremento de la flexibilidad, la mejora de la salud...

Haz un análisis en profundidad de los aspectos que tú consideres que son relevantes para tu sector de negocio. Y estudia las diferencias. Este ejercicio te va a resultar muy útil de cara a enfocar el condicionamiento que vas a aplicar con tu propia marca. Espero que saques conclusiones muy interesantes.

Desafío: Análisis de condicionamiento en vídeos comerciales

Ahora te propongo que selecciones varios ejemplos de vídeos comerciales para que puedas analizarlos. Los típicos anuncios que ves por la televisión o los que te aparecen por internet antes de empezar a ver un vídeo. Como sé que probablemente esto pueda distraer la atención de tu análisis, te recuerdo que lo que estamos analizando es el condicionamiento a través de las palabras. Es posible que veas un comercial, te parezca muy gracioso, y en cambio, no te esté condicionando para comprar porque el lenguaje utilizado genere sensaciones negativas en tu subconsciente.

Recuerda los cuatro elementos del análisis de condicionamiento: lenguaje positivo, lenguaje negativo, diagnóstico de condicionamiento y propuesta de mejora. En el último punto del análisis, la propuesta de mejora, tal vez te sientas tentado a hacerlo mentalmente y a toda prisa porque te parezca un trabajo arduo. Sin embargo, te aconsejo que le dediques tiempo. Sé que necesitas esforzarte más para esto e invertir más minutos de trabajo que con los pasos anteriores, pero es precisamente cuando redactas tú mismo una propuesta mejorada que vas ganando soltura para aplicar el condicionamiento positivo en tu día a día.

Estimulando la dopamina

La dopamina... ¿La recuerdas? La hormona del placer. Cuando estimulas la liberación de dopamina en el cerebro de la otra persona, la estás condicionando para que te perciba a ti de forma más placentera. Y este es el condicionamiento perfecto, porque la otra persona estará mucho más predispuesta a acceder, a decirte que sí, a estar de acuerdo contigo, a comprar lo que vendes, a colaborar contigo.

Por ejemplo, hay estudios sobre el modo en que afecta el aspecto físico a la obtención de resultados comerciales. Y, sí, nos guste más o menos, es una realidad. Las personas guapas tienden a tener mejores resultados comerciales. ¿Y sabes por qué? Porque cuando te habla alguien que te resulta atractivo, tu cerebro libera dopamina. Y la dopamina te hace bajar la guardia al instante.

Pero no solo el atractivo físico tiene este efecto. También lo tiene el carisma, y de forma mucho más intensa que la apariencia.

E incluso, mientras estás trabajando en tu carisma y todavía no estás en el punto al que deseas llegar, puedes estimular la liberación de dopamina en el cerebro de la otra persona ni más ni menos que con tus palabras.

Te voy a mostrar un truco que podrás aplicar constantemente para que las personas liberen dopamina cuando están contigo. Esto va a ser siempre positivo. Y va a ser muy sutil... Nadie se dará cuenta de que estás aplicando una técnica y, en cambio, va a tener efecto inmediato.

La técnica es la siguiente: sustituye las frases coloquiales precocinadas por alternativas que despierten el cerebro de la otra persona. Se trata de detalles muy sutiles, pero que van a tener un impacto al momento. Por ejemplo...

En lugar de decir algo como «quedamos el jueves para comer y lo comentamos», puedes decir «quedamos el jueves para pescar y lo comentamos». ¡Ja! Eso no se lo esperaba. Evidentemente asegúrate de escoger tus palabras de modo que encajen con la otra persona. Por ejemplo, puedes invitar a pescar al director del departamento con quien quieres colaborar, si sabes que le gustan las actividades al aire libre, pero no lo invites a pescar si es vegano.

Pero el hecho de proponer algo poco convencional va a despertar su cerebro al instante. Sobre todo si analizas un poco a la persona antes y das en el clavo con tu comentario.

O, por ejemplo, en lugar de decir «te invito a un café», puedes decir «te invito a un chocolate». Incluso aunque la otra persona sea muy cafetera, le hará gracia la invitación. Y se tomará un café, pero la dopamina de esa situación que le ha parecido divertida ya la ha predispuesto a tu favor.

O en lugar de decir «me dedico a la decoración de interiores en viviendas particulares» puedes decir «me dedico a la transformación de casas en hogares».

¡Bueno! Ideas sobran. De lo que se trata es de que consigas descargarle una chispita eléctrica al cerebro de la otra persona. Que libere dopamina. Que se sorprenda. Y en cuanto por dentro algo diga: «¡Oh, vaya!», ya lo tienes condicionado a tu favor.

Adaptando las palabras al carisma

Ahora, lo que te propongo es que te enfoques en adaptar las palabras que utilizas al tipo de carisma que quieres transmitir en cada situación.

Por ejemplo, si estás en una entrevista de trabajo para un puesto de responsabilidad y quieres incrementar el nivel de autoridad que transmites, haz que tus palabras transmitan autoridad. Si trabajas en equipo y necesitas hacerle una crítica constructiva a un compañero, probablemente te convenga subirle el nivel a la accesibilidad para empatizar con la vulnerabilidad de quien recibe una crítica. Pues haz que tus palabras también comuniquen accesibilidad.

Las palabras detonan el condicionamiento que quieres ejercer en las personas. Pero debes saber escogerlas de forma coherente con el impacto que deseas tener.

Si analizándote has llegado a la conclusión de que, en general, en tus relaciones interpersonales, eres percibido como el graciosito y poco más que eso, aprende a incorporar palabras de autoridad, de competencia, en tu lenguaje cotidiano, en tus emails, en tus redes sociales... Entrénate para ello. Y es tan simple como identificar qué palabras transmiten lo que quieres transmitir, y tenerlas presentes. Puedes llevar contigo un trozo de papel con algunas escritas y releer el papel varias veces a lo largo del día para tenerlas frescas en la memoria y utilizarlas cuando tengas ocasión.

Y a base de hacerlo a menudo, lo interiorizarás. Y tu lenguaje pasará a transmitir una mayor credibilidad, competencia, autoridad. Tu impacto se volverá más contundente.

Y lo mismo para el caso contrario.

Desafío: Optimiza tus firmas

Te propongo este desafío: modifica las firmas predeterminadas de tus emails. Ve a la configuración de tu servidor de correo electrónico y prepara tu firma, que aparecerá automáticamente cuando escribas un email o respondas al email de alguien.

Recréala de modo que esa firma genere un condicionamiento positivo. ¿Qué opinión te gustaría que la gente tuviera de ti? ¿Qué palabras utilizarías para transmitir esa opinión? Pues trata de incorporar alguna en tu firma, tal vez en el modo en que defines tu rol, bajo tu nombre. Por ejemplo, no es lo mismo escribir «Francisco Rodríguez. Jefe de Recursos Humanos» que escribir «Francisco Rodríguez. Líder entusiasta de capital humano».

En la primera opción, el condicionamiento es probable que sea inexistente. Y en caso de producirse, todo apunta a que será negativo. La palabra «jefe» suele tener emociones negativas adheridas para la mayoría de las personas. E incluso el término «recursos humanos» ha ganado también un peso emocional negativo para mucha gente, pues recuerda a despidos y charlas desagradables.

En cambio, en la segunda opción, cambiamos la jefatura por el liderazgo, que transmite más frescura y dinamismo. Incorporamos entusiasta y buscamos un sinónimo menos contaminado para recursos humanos: capital humano.

Dale una vuelta a tu rol y busca un modo poderoso de aprovechar la firma de tus emails para condicionar positivamente a quienes los reciben.

Desafío: Optimiza tus respuestas automáticas

Siguiente paso: optimizar las respuestas automáticas, si es que tienes alguna creada.

Me refiero al breve mensaje que se envía automáticamente a toda persona que te manda un email cuando, por ejemplo, estás de vacaciones.

Ya sabes: «Estaré de vacaciones hasta el 15 de abril. Si su mensaje es por un asunto urgente, por favor, póngase en contacto con mi asistente en la siguiente dirección de correo electrónico».

No caigas en redacciones estándar e insípidas. Transfórmalo y aprovecha la oportunidad de ejercer un condicionamiento positivo:

«Muchas gracias por su mensaje. Estaré encantado de que lo comentemos después del día 15 de abril, en cuanto regrese de mis vacaciones. Si necesita una respuesta a mayor brevedad, mi asistente le atenderá con gusto en su dirección de correo electrónico».

Unas cuantas palabras poderosas y el subconsciente cambia totalmente su predisposición hacia ti.

Revisa tus respuestas automáticas y optimízalas para condicionar también a través de ellas a quienes te escriben.

Desafío: Optimiza tus redes sociales

Nuevo desafío: optimiza tus redes sociales. ¿Recuerdas lo que hemos hecho con los ejemplos de perfiles profesionales cuando analizábamos el condicionamiento que ejercían otras personas? Pues ahora toca que lo hagas con tu propio perfil.

Puedes hacer lo mismo en otras redes sociales, las que tú utilices. Enfócate por el momento en tu descripción de quién eres, en las palabras que utilizas para presentarte ante quien visita tu perfil y haz que tengan un impacto poderoso en el subconsciente de la otra persona.

Recuerda que conviene que las palabras sean positivas. Y recuerda también valorar la proporción de autoridad y accesibilidad que deseas transmitir. El carisma debe estar presente en cada trocito de tu imagen para el mundo.

Siéntate ante tus perfiles de redes sociales y optimízalos para brillar.

Desafío: Optimiza otros medios de comunicación

Ya has optimizado tus firmas, tus emails automatizados y tus redes sociales. Ahora haz un repaso de cualquier otro tipo de comunicación verbal que utilices de forma habitual. Por ejemplo:

- El texto de las invitaciones a eventos, reuniones laborales, videoconferencias...
- Si diriges tu negocio, los materiales de marketing. Anuncios, banners...
- También tus presentaciones orales. Lo que sea que suelas decir cuando debas contar quién eres. Ya sabes..., el vídeo que has grabado con tu presentación.
- Tu página web. De arriba abajo.

Revisa todo medio por el cual te comuniques con palabras e integra palabras poderosas para generar un condicionamiento psicológico orientado a la clase de carisma que quieres transmitir.

Es mucho trabajo, pero te garantizo que es tiempo muy bien invertido en tu impacto interpersonal. Vas a tener un gran retorno de esto.

5

TU HISTORIA: ¿CÓMO CONECTAS A LA OTRA PERSONA CON TU IDENTIDAD?

Este va a ser un capítulo breve pero muy importante, pues trata de encontrar el modo de hablarle al mundo de ti, generando un impacto significativo en el proceso.

A menudo te verás en la situación de tener que contar tu historia. Conoces a alguien nuevo, y lo primero que ocurre es que ambas partes buscan recabar un mínimo de información general acerca del otro. La suficiente información como para extraer las primeras conclusiones y hacer las primeras valoraciones y juicios. Funcionamos así, nuestro cerebro necesita clasificarlo y categorizarlo todo, incluidas las personas con quienes nos relacionamos.

Y a partir de ese primer contacto, la indagación continúa. Con cada nuevo encuentro recogemos información acerca de esa persona, y lo hacemos casi de forma inconsciente, para ir completando progresivamente nuestra imagen general de quién es ella.

Por esta razón es tan importante poder contribuir a esa recogida de información con pinceladas poderosas que lleven a esa otra persona a extraer conclusiones que nos interesen en relación con el impacto que deseamos tener. Y ten en cuenta que la magnitud de ese impacto es realmente impredecible. Tal vez pienses que te es indiferente el modo en que te percibe una persona en particular pero, en cambio, tienes mucho interés en causarle una buena impresión a la persona con quien quedas para tomar el té los sábados. Nos guste o no, las impresiones que generamos son contagiosas y viajan sin parar, de boca en boca. Por eso es fundamental que tu historia sea consistente.

Las historias son poderosas, porque nos permiten conectar. En el momento en que conoces un poquito de la historia de otra persona, te sientes más próximo. Y eso lo saben las marcas, las grandes empresas, y lo exprimen al cien por cien para que tú, como potencial cliente, sientas que su producto tiene un valor emocional intrínseco, porque está conectado contigo.

De hecho, el ser humano lleva siglos utilizando las historias como el medio de influencia más básico: la socialización. Utilizamos historias para advertir a los niños de los peligros, las utilizamos para transmitir conocimientos en el marco de la familia y en el sistema educativo, las utilizamos también para instruir y formar profesionales y, por supuesto, las utilizamos para vender y para vendernos.

Una investigación realizada por la Universidad de Atenas de Económicas y Negocios analizó las historias como uno de los factores que influyen en la experiencia del cliente en un contexto comercial. Lo que se descubrió fue que el uso de historias y narrativas es una estrategia y práctica empresarial con un efecto muy positivo en el comportamiento del cliente y que tiene un papel prometedor en el contexto de la planificación estratégica del marketing.

Las historias son poderosas.

Historias personales vs. historias ajenas

Sabemos que las historias tienen un potencial de influencia enorme, pero ¿cualquier historia? ¿Tenemos preferencia los seres humanos por historias contadas en primera persona o por historias que hablan de terceros? Los investigadores austriacos Christoph Pachucki, Reinhard Grohs y Ursula S. Scholl-Grissemann realizaron un estudio donde pusieron a prueba estas dos variantes.

Su investigación se enmarcó en el contexto profesional del turismo, y analizaba el impacto del narrador como elemento narrativo. En otras palabras, comparaba la respuesta de los turistas ante historias que los administradores de destinos turísticos contaban en primera persona e historias contadas en tercera persona, es decir, en relación con lo vivido por un tercero.

Los resultados mostraron que los narradores de historias en primera persona, en comparación con los que empleaban la tercera persona, aumentaban significativamente la participación de los turistas en las interacciones y generaban una mayor influencia en relación con la elección de destino y las intenciones de visitas turísticas.

Las recomendaciones que los investigadores formularon a partir de los resultados obtenidos se encaminaron, como cabría esperar, hacia el uso de la narrativa y las historias por parte de los administradores de destinos turísticos en el diseño de su marca y de su imagen en redes sociales.

Este hallazgo se podría trasladar a prácticamente a cualquier experiencia contada. Si para venderte un producto dietético, el vendedor te habla de una persona que él conoce que perdió treinta kilos, el impacto que esa historia va a tener en ti va a ser probablemente mucho más sutil que si te cuenta su propia historia sobre cuando él mismo pesaba treinta kilos más, las dificultades físicas y de autoestima que eso le suponía y lo agradecido que se siente a día de hoy de haber tomado la decisión de darle una oportunidad a un producto que, al igual que te ocurre a ti, también le resultaba desconocido cuando se lo recomendaron.

Las historias personales, contadas en primera persona, son transformadoras. Y tienden a ser percibidas como más creíbles que aquellas que hablan de quienes no están presentes en la conversación.

La química de las historias

Me gusta darle un lugar a alguna pincelada de la bioquímica implicada en todas estas cuestiones relativas a tu impacto, porque en ella se basan una buena parte de los comportamientos inconscientes de los seres humanos.

Me interesa que comprendas por qué ante determinados estímulos tienden a producirse ciertas respuestas específicas, porque de este modo podrás tomar decisiones y planificar tus propias estrategias de impacto mucho más allá de lo que yo te explique en este libro. Si tú, por ejemplo, comprendes por un lado qué actitudes y comportamientos tienden a producirse cuando el cerebro libera dopamina y, por otro lado, sabes cómo impulsar esa liberación de dopamina en el cerebro de otra persona, tendrás en tu poder un conocimiento de un valor inestimable, pues podrás trasladar eso que sabes a cualquier contexto en el que te interese que la actitud de una persona sea la que sabes que será más propensa a manifestarse con el estímulo de la dopamina. Y lo mismo a la inversa. Si el comportamiento que te gustaría favorecer en una persona es el contrario al que probablemente manifestaría si su cerebro se volviese loco con la producción de dopamina, sabrás qué estímulos no aplicar y qué comportamientos evitar en esa situación. El conocimiento es poder, y en este contexto es un poder repleto de posibilidades.

Despertando zonas cerebrales en la otra persona

¿Qué ocurre en el cerebro de la otra persona cuando tú le trasladas información plana, datos, información sin emociones? Lo que ocurre es que se activan dos zonas cerebrales concretas:

- El área de Broca, que es la encargada de procesar y comprender la gramática. Se encuentra en el hemisferio izquierdo, concretamente en la parte inferior del lóbulo frontal.
- El área de Wernicke, que se encarga de procesar y comprender el lenguaje oral y los sonidos. Se ubica también en el hemisferio izquierdo en la mayoría de las personas, aunque en algunas personas (sobre todo zurdas, aunque no exclusivamente) se encuentra en el hemisferio derecho. Su ubicación pertenece al lóbulo temporal y tiene una relación directa con la zona auditiva. Se trata de un procesamiento a nivel muy básico. Únicamente requiere reconocer las palabras, comprenderlas y almacenarlas.

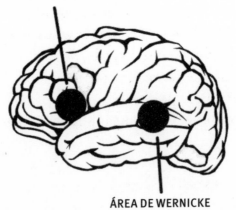

ÁREA DE BROCA

ÁREA DE WERNICKE

Pero ¿qué sucede en el cerebro de la otra persona cuando, en lugar de información plana y simples datos, le trasladas una historia repleta de emociones y estímulos? Lo que ocurre es que desencadenas una verdadera discoteca cerebral dentro de su cabeza. Generalmente, se activarán, además de las áreas que hemos visto en el caso anterior, las siguientes:

- El córtex prefrontal, que se encarga de empatizar y revivir las sensaciones y texturas que experimentan las personas implicadas en la historia.
- El córtex motor, que revive y recrea las acciones físicas que se ejecutan a lo largo de la historia.
- El córtex olfativo, que es el encargado de activar el olfato y de recrear los olores mencionados en la historia.
- El córtex visual, que recrea las imágenes y los colores de los diferentes elementos que se describen en la historia.
- La amígdala, que se encarga de producir reacciones emocionales al relato que estamos contando.
- La memoria experiencial, que es la encargada de recuperar los propios recuerdos y vivencias para favorecer que la persona a quien le contamos la historia se ponga realmente en la piel de los personajes.

¿Qué ocurre con las hormonas y otras variables corporales?

Vamos con los neurotransmisores, hormonas y otras variables corporales relevantes en el momento en que le contamos nuestra historia a la otra persona. ¿Cuáles intervienen y de qué modo?

- La oxitocina, ya conocida por ti y famosa por ser asociada al amor y al bienestar. Entra en juego cuando le cuentas tu historia a la otra persona, y genera una sensación de felicidad, incrementando al instante su tendencia a empatizar contigo. De hecho, se han llevado a cabo investigaciones según las cuales una historia con carga emocional puede estimular el sentimiento solidario en quienes la escuchan.
- El cortisol, que es liberado en el cuerpo por las glándulas suprarrenales. Produce un aumento en la concentración y la capacidad de esa persona para meterse de forma vívida en la historia y seguir el hilo de principio a fin.
- La adrenalina, una hormona y neurotransmisor que activa el sistema nervioso de esa persona y lo pone alerta ante situaciones de estrés o peligro, ya sean reales o recreadas a través de un relato. Tiene una influencia directa sobre la frecuencia cardiaca y respiratoria.
- La presión sanguínea. Se incrementa y se reduce constantemente a lo largo de la historia de acuerdo al

nivel de estrés que le produce a esa persona cada fase de nuestra narrativa.

- El hipotálamo, que se encarga de regular la secreción de hormonas y neurotransmisores en función de los estímulos que recibe del exterior.

Como ves, la estimulación del cerebro de la otra persona se vuelve mucho más rica y variada cuando cuentas una historia que cuando simplemente intercambias información. Y te recuerdo que cuantos más fuegos artificiales seas capaz de detonar en el cerebro de esa persona, más memorable te volverás tú para ella.

Las historias te permiten influir y permanecer en la memoria

Tú conoces a una persona por primera vez y empezáis a hablar de lo típico. ¿De dónde eres? ¿A qué te dedicas? ¿Qué te llevó hacia esa profesión?... Bien, pues tienes dos opciones que podrían tener un aspecto similar al siguiente:

Opción A:
- Soy de un pueblo cerca de Vigo, en Pontevedra.
- Dirijo una escuela infantil.
- Estudié Magisterio porque me gustan mucho los niños.

Opción B:

Vivo en un pequeño pueblo industrial próximo a Vigo, en la provincia de Pontevedra. Mis padres, mis abuelos, toda mi familia nació allí, y lo cierto es que siempre imaginé que llegado cierto momento de mi vida volaría en otra dirección, pero le tengo cariño al pueblo. Aunque me vaya alguna temporada, siento que pertenezco a aquí y es donde me gusta estar.

Por eso cuando terminé Magisterio supe que mi misión debía tomar forma en el lugar donde tengo mis raíces. Te digo «misión» porque siempre lo he vivido realmente como algo importante que debía hacer con mi vida. Me encantan los niños, la infancia. Me apasiona observar la facilidad que tienen para construirse a sí mismos a partir de los pedacitos que van obteniendo de la familia, los amigos, la escuela... Me resulta apasionante, casi mágico, ver la velocidad a la que evolucionan y las ganas que tienen de explorar y aprender.

En cambio, las escuelas no siempre saben acompañar ese nivel de curiosidad con estrategias educativas que alimenten esa magia de la infancia. Seguro que sabes de qué te hablo... Nosotros crecimos en una época en la que las escuelas infantiles eran guarderías, es decir, eran el lugar donde nos aparcaban y la expectativa era poder recogernos vivos y enteros. Ahora la situación es mucho mejor, pero sigue sin ser la ideal. Los niños siguen siendo tratados como una masa uniforme que debe cumplir con unos objetivos y responder a una planificación.

Pues en esta ansia por hacer las cosas de otro modo,

me formé muchísimo sobre pedagogías más respetuosas con la infancia, como la Pedagogía Montessori o la Waldorf, que tal vez te suenen. Y acabé haciendo realidad mi mayor sueño: crear mi propia escuela infantil.

Si te digo la verdad, llegué a desistir en la idea de construir mi propia escuela, porque haciendo planes y cálculos vi que se trataba de un proyecto muy costoso y yo no tenía más que mis escasos ahorrillos personales. Pero viví un pequeño milagro propio de película navideña que fue el empujón perfecto.

Un día recibí una notificación por correo diciendo que debía acudir a Barcelona a la lectura del testamento de un hermano de mi abuelo, que no tenía hijos. Al parecer me había dejado en herencia (¡a mí!) un terrenito de mi pueblo que él había heredado en su momento de mi bisabuela. No me lo podía creer, así que me lo tomé como una señal del universo y me puse manos a la obra. Era un terreno precioso, con árboles y espacio para jugar e incluso tener huerto y algún animalito. Y ahí, en el terreno de mi tío abuelo, construí mi escuela. ¿Qué te parece esta locura?

No te voy a negar que es un desafío constante. Pero lo feliz que me hace levantarme por las mañanas para ir a trabajar con mis niños es algo que no podría describir con palabras. Fíjate que te lo estoy diciendo y me emociono. Sin duda acerté con mi camino profesional, no me imagino haciendo otra cosa. Pero ¿qué hay de ti? Me muero por conocer tu historia. Tú eres de aquí, de la ciudad, ¿verdad?

Te he presentado este ejemplo redactado de un tirón, pero lo lógico es que el relato de tu historia no sea un monólogo, sino una conversación donde impliques a la otra persona y la hagas partícipe de tus propias emociones y decisiones. Pero mi intención con este ejemplo no era darte un guion ni un esquema para la redacción de tu propia historia, sino hacerte ver la diferencia entre ambas experiencias. En la opción A, la otra persona se lleva la información que buscaba, pero en cuestión de minutos estará hablando con alguien más y no recordará si eras contable o banquero. En cambio, en la opción B, ha sentido curiosidad, ha empatizado, se ha indignado con las guarderías del pasado, se ha ilusionado con tu proyecto, y hasta puede que le haya enternecido tu amor por tu trabajo. La experiencia para su cerebro ha sido, sin duda, más estimulante.

Un equipo de investigación de la Adabil University of Medical Sciences llevó a cabo un estudio fascinante en el que daban al alumnado de Enfermería una lección sobre la interpretación de una prueba médica concreta. Para este estudio se utilizó una muestra de estudiantes dividida en dos grupos: con el primero se empleaba el modo de enseñanza habitual, en una lección magistral, y con el segundo se recurría al uso de la historia, la narrativa para la transmisión de ese conocimiento.

Cuando compararon el efecto de estos dos métodos en el nivel de aprendizaje y satisfacción del alumnado, se encontraron con unos resultados muy interesantes. Descubrieron que la narración puede conducir a un aprendizaje más profundo, promover el pensamiento crítico de los estudiantes en mayor medida y mejorar las habilidades prácticas de forma más efectiva que el método de enseñanza tradicional.

Concluyeron que el uso de las historias es un método de enseñanza eficaz que involucra al alumnado de forma más vívida e implicada.

Traslada estos resultados a cualquier intercambio personal en el que desees tener un impacto memorable y sabrás que las historias son una herramienta poderosa y que no puedes no explotar.

Cómo articular tu historia de vida para que impacte

El experto en comunicación Mario Tascón habla de seis elementos imprescindibles que deben estar presentes en una buena historia. Yo he decidido darle un toque de recordabilidad a estos consejos, y los he dispuesto de forma que puedas recurrir a ellos más fácilmente. Así que quédate con que tu historia debe tener CRESTA. Exacto, como los gallos. Tu historia debe tener Conflicto, Relevancia, Emotividad, Sorpresa, Tratabilidad y Autenticidad. O sea, CRESTA. Vamos con estos elementos uno por uno.

Conflicto

Una historia en la que no hay algún tipo de conflicto o nudo, pierde emoción. Identifica en tu historia personal un punto en el que hayas creído que no ibas a alcanzar un objetivo o una dificultad concreta que hayas tenido que superar en el camino.

Dice Tascón que la mayoría de los conflictos se pueden resumir en una de estas tres situaciones:

- Quiero pero no debo.
- Debo pero no quiero.
- Debo pero no puedo.

Pero tal vez tu caso sea otro. Por ejemplo, en el relato que te incluí como opción B se trataba de un «quiero pero no puedo», pues la persona en cuestión quería construir su propia escuela pero se le escapaban los cálculos presupuestarios.

Relevancia

Tu historia debe ser relevante para la persona con quien la compartes. De lo contrario, ¿para qué inviertes el tiempo y el esfuerzo?

Tu historia es importantísima para ti, pero eso no la convierte en relevante para el resto del mundo. Tú debes darle esa relevancia a la hora de escoger el formato en que la presentas y los acontecimientos en los que pones el foco a la hora de narrarla.

Tu historia puede ser contada de innumerables formas. Escoge la forma que vaya a resultarle interesante a la persona que tienes delante.

Emotividad

Las emociones son imprescindibles en una historia. Sin emociones, no es una historia, sino una simple transferencia de información. A través de las emociones es como conseguirás que la otra persona recree tu historia mientras tú se la cuentas. A través de las emociones, esa persona empatizará contigo y se sentirá parte de tu equipo.

Cuando consigues que la persona que tienes delante experimente emociones con cierta intensidad, has establecido una conexión entre esa persona y la historia, y eso es poderoso.

Sorpresa

Haz que tu historia sea divertida, entretenida y que capte con facilidad la atención de la persona a quien se la estás contando. Para esto, la sorpresa es vital. Integra algún elemento sorprendente en tu historia.

No se trata de que te inventes hazañas para darle emoción, sino de que identifiques los elementos de tu propia historia que realmente hayan sido inesperados o sorprendentes y los exprimas, tanto con el uso de las palabras como con la entonación de tu voz y el lenguaje corporal.

Dice Tascón que uno de los peores pecados de un narrador es contar algo que la otra persona ya sepa. Y es que esa es la antítesis de la sorpresa. Busca elementos concretos con los que sorprender a esa persona.

Tratabilidad

Tu historia debe ser de trato fácil, no puede pasarse de complicada, pues de lo contrario, la persona a quien se la cuentas no la recordará. Para que tu relato sea memorable, primero tiene que ser sencillo.

Y aquí nos referimos a una doble sencillez: por un lado, no te vayas por las ramas con demasiadas subhistorias y enredos y, por otro lado, utiliza un lenguaje sencillo. Si cuentas tu historia con un lenguaje pedante o demasiado complicado, el relato no va a calar en esa persona.

Autenticidad

Y, por supuesto, tu historia debe ser cierta. No pasa nada aunque la adornes un poco con detalles que la hagan más recordable, siempre y cuando la esencia de tu historia sea genuina y real.

Tal vez se te ocurra una anécdota extremadamente ingeniosa que te haría quedar muy bien si la contaras en primera persona, pero si no es cierta, olvídala o reformúlala. Si es algo que le ocurrió a alguien más, cuéntala en tercera persona. Si es algo que te acabas de imaginar, puedes hipotetizar, si tiene sentido. Pero perder la autenticidad te puede jugar malas pasadas, y eso hará que tu carisma se desplome por completo.

En definitiva, si consigues que tu historia, al contarla, tenga CRESTA, será memorable y tendrá un impacto duradero en la persona que la recibe.

Desafío: Redacta tu historia

Esto de contar tu historia (que no deja de ser lo mismo que presentarte a otra persona) puede parecer tarea fácil, pues realmente no hay nadie en este mundo que sepa más de ti y de tu historia de vida que tú mismo. Sin embargo, presentar tu historia de modo que deje huella no es tan sencillo.

Lo que te propongo ahora es que tengas tu libreta y redactes tu historia personal en tres versiones diferentes. Cada versión para un tipo de destinatario diferente. Elige tú a quién se la vas a contar (hipotéticamente, claro), pero procura que se trate de personas de contextos diferentes de tu vida. Por ejemplo, redacta la historia de vida que te gustaría compartir en un encuentro profesional donde un posible inversor o potencial contratante se interese por ti. Redacta también la historia de vida que querrías contarle a una persona que te gusta, en una primera cita. Y redacta la historia que le querrías entregar a un potencial cliente que desee saber más de ti. Son tres ejemplos, pero no necesariamente van a tener sentido para ti (por ejemplo, puede que seas una persona casada y ya no tengas primeras citas). Escoge a tres personas hipotéticas a quienes contarles tu historia y redacta una historia que cumpla dos objetivos principales:

1. Que tenga CRESTA. Es decir, que contenga un conflicto, que sea relevante para esa persona en particular (esto significa que necesariamente las tres historias van a ser diferentes aunque las tres sean ciertas), que

incorpore cierta dosis de emotividad, que contenga un factor sorpresa, que sea de trato fácil y totalmente auténtica.

2. Que condicione psicológicamente a la otra persona de forma positiva hacia ti. Ya has aprendido a hacer esto y lo has practicado de forma insistente en el capítulo anterior, de modo que esto no va a ser un problema para ti.

6

CONEXIÓN INTERPERSONAL: ¿QUÉ VÍNCULO QUIERES GENERAR CON LAS PERSONAS?

En este capítulo vamos a trabajar en torno a la conexión que creas con otras personas en tu interacción con ellas.

Según el psicólogo experto en terapias contextuales Joan Rullan Pou, el ser humano es muy probablemente el animal más social que existe. Nace totalmente necesitado de la interacción con otros seres humanos para sobrevivir. Y es a través de esta conexión interpersonal que logra desarrollarse de forma óptima, tanto a nivel biológico como psicológico y social.

Existen niveles de conexión entre las personas. El más básico es el hecho de percibirnos mutuamente. Desde el momento en que las miradas de dos personas se encuentran, se produce una conexión, en la mayoría de los casos sin importancia e incluso efímera, pero que puede evolucionar hacia una conexión más profunda, si se avanza en ella.

Los tres momentos de una interacción

Esta conexión, según explica el grupo de investigación Science of People, va a tener lugar en tres momentos diferentes de tu interacción con alguien: el acercamiento, la primera impresión y la conversación.

No todas las interacciones van a pasar por los tres momentos porque, por ejemplo, en la primera impresión vas a tener una única oportunidad para aprovecharla. A partir de esa primera vez, en cada nueva interacción podrás aportar nuevas sensaciones y condicionamientos, pero realmente ya no es una primera impresión y ya habrá perdido parte del poder que tiene esa primera interacción con alguien.

También habrá interacciones donde no llegue a haber conversación pero sí haya primera impresión, e incluso puede que una primera impresión estratégica.

Pero vamos a trabajar en torno a los tres momentos en los que podemos generar esa conexión. Habrá interacciones en las que estén los tres presentes y habrá otras interacciones en que falte alguno.

ACERCAMIENTO

El primer momento es el acercamiento. Es el instante en que le transmitimos a la otra persona que tenemos el deseo de interactuar. Y esta comunicación de intenciones suele realizarse casi exclusivamente a través del lenguaje corporal.

¿Cómo lo hacemos? Pues, por ejemplo, aproximándonos físicamente, cruzando la sala hacia la persona con quien queremos hablar, estableciendo contacto visual, girando el tronco hacia esa persona para establecer esa primera conexión, o incluso saludando con la mano de camino para que la persona reciba el mensaje: voy, y quiero interactuar contigo. Ya sabes, suelen ser señales universalmente reconocidas de acercamiento.

PRIMERA IMPRESIÓN

El segundo momento es la primera impresión. Desde el propio acercamiento estamos dando una primera impresión, pero la primera impresión de la interacción en sí es muy potente, porque el momento en que comienza la interacción capta una gran atención por parte de la otra persona. Y esta primera impresión dura solo unos segundos.

Aquí es fundamental el lenguaje no verbal, pero también el lenguaje paraverbal. El lenguaje verbal en sí no tiene mucho tiempo para manifestarse, pero en la poca presencia que tenga, también importa. La primera impresión es el momento en que conseguimos o no conseguimos que la otra persona conecte con nosotros.

Si el momento del acercamiento es un desastre, puede no haber oportunidad para una primera impresión en la interacción. Imagínate: deseas acercarte a hablar con una persona relevante en tu sector, en un evento de negocios. Esa persona te ve con la intención de acercarte a hablarle, le transmites una mala impresión y ¿qué hace? Pues puede responder a modo de rechazo con su lenguaje corporal: saca su teléfono móvil del bolsillo y finge estar ocupado, se aproxima a otra persona para atraer su interacción... Muy mal tendría que ir el acercamiento para recibir una respuesta de este tipo. Vamos a encargarnos de que eso no ocurra.

Conversación

Y el tercer momento es la conversación. Ya te has acercado estableciendo la primera conexión, has conectado a través de tu primera impresión y ahora toca trabajar un poco mejor esa conexión en la propia conversación.

Y aquí, lo que queremos transmitirle a la otra persona es que conectamos bien, que hay química entre nosotros.

No te preocupes si ahora mismo sientes que son demasiadas cosas a las que tienes que prestar atención. Te aseguro que poco a poco vas a ir automatizando todo el proceso de analizar la situación y escoger los estímulos para generar el efecto que deseas.

Un paso más allá en la conexión: El rapport

Tal vez te hayas preguntado alguna vez por qué hay personas con quienes conectamos de maravilla y otras con quienes parece que cada interacción es un choque aparatoso e incómodo. La respuesta es el rapport.

El rapport es un concepto psicológico que se refiere a la técnica que tiene como objetivo establecer una conexión de empatía con otra persona para, de este modo, conseguir una mejor disposición hacia la relación y una menor resistencia hacia una comunicación abierta.

O tal y como lo define el gurú de la Programación Neuro-Lingüística Anthony Robbins, es la capacidad de entrar en el mundo de alguien, hacerlo sentir comprendido y que experimente un fuerte lazo de unión contigo. Es la capacidad de saltar desde tu representación del mundo hasta la suya y entablar una conexión desde esa posición empática.

A grandes rasgos, se trata precisamente de eso: de crear una conexión de empatía con otra persona. ¿Cómo lo hacemos? Robbins propone estas cinco claves:

REFLEJA A LA OTRA PERSONA MIENTRAS HABLAS
CON ELLA

Haz que tu lenguaje corporal se mimetice con el de la persona que tienes delante, que vayan en sintonía. Consigue crear una concordancia entre su postura corporal y la tuya, sus gestos corporales y los tuyos, la velocidad de la respiración, el tono y volumen de la voz, las expresiones faciales...

El ser humano tiende a reflejar el comportamiento corporal y paraverbal de la persona que tiene delante cuando siente que hay conexión entre ambos, y esto es algo que ocurre de forma inconsciente. Sin embargo, se ha comprobado que este fenómeno también ocurre a la inversa: si tú reflejas estratégicamente el comportamiento de la persona que tienes delante, esa persona tendrá la sensación inconsciente de que hay conexión entre ella y tú. Es un truco poderoso para conectar.

Muestra interés sincero

Una de las formas más efectivas para conectar con una persona es interesarte por ella. Cuando alguien te importa, conectas sin esfuerzo; de modo que si quieres conectar, haz el esfuerzo por interesarte de forma sincera. Cada persona lleva tras de sí una historia apasionante. Aprecia todo lo que tiene que contar y conectaréis.

Haz que esa persona se sienta bien

Hay algo que todos los seres humanos anhelamos: sentirnos valiosos e importantes. Si tú consigues hacer que esa persona se sienta importante, conectará contigo de un modo profundo.

¿Cómo puedes hacer tú que se sienta importante? Dándole valor. Empezando por el punto anterior, mostrar interés, y siguiendo con detalles como pedir un consejo, hacer un cumplido sincero, escucharla cuando habla, hablar bien de ella a otra persona...

Busca puntos comunes

Encontrar aspectos en común con esa persona va a ayudar mucho a generar la conexión que buscas. No se trata de estar de acuerdo con ella en todo, pero si centráis la conversación en aquellas pasiones y puntos de vista que compartís, vais a conectar mucho más fácilmente que si debatís desde posturas enfrentadas.

Un buen consejo sería que te enfoques en los aspectos comunes en los inicios de la interacción o de la relación y que vayas integrando algún debate enriquecedor (y absolutamente siempre respetuoso) a medida que ya tengáis confianza y hayáis conectado.

Presta atención a tu lenguaje corporal

Todos los puntos anteriores podrían perder su efectividad si tu lenguaje corporal no los acompaña. Si, por ejemplo, estás mostrando interés, haciendo preguntas, buscando aspectos comunes..., pero tu mirada está distraída hacia otros lugares de la sala o hacia tu teléfono móvil, lo que le estás transmitiendo, en realidad, es que no te interesa lo más mínimo eso que te está diciendo la persona que está ante ti.

Cuando estés con una persona y quieras conectar realmente, tienes que estar con esa persona al cien por cien. Deja todo lo demás de lado. Y si en algún momento necesitas prestar atención a algo más, discúlpate y explícale que debes atender esa cuestión un momento. Luego vuelve a enfocarte en esa persona.

De lo que trata todo este asunto del rapport es de conseguir que la otra persona y tú sintonicéis, vibréis en la misma frecuencia. Se trata de que de algún modo seáis uno. Y aunque te pueda parecer un poco artificial crear esta sintonía de forma consciente y estratégica, el resultado es real para ambos, no solo para la otra persona.

Proponte generar rapport con una persona cada día para empezar. En cuanto comience a resultarte un poco más fácil, hazlo con tres personas cada día. Y en cuanto sientas que tienes los procesos automatizados, genera rapport con cada persona con la que interactúes. No se trata de manipular las relaciones, sino de actuar de una forma diferente de ir por la vida y de relacionarse con las personas.

Al principio sí lo sentirás un poco artificial, porque no tienes el hábito de centrarte al cien por cien en cada persona. Ya sabes, vivimos en un momento de excesos y distracciones constantes que te lo ponen difícil. Pero poco a poco verás que empieza a ser un comportamiento natural y, de hecho, muy gratificante. Tus relaciones serán más profundas y enriquecedoras, tú te sentirás más sociable, a las otras personas les gustarás más y querrán pasar más tiempo contigo. Y a partir de ahí, experimentarás todos los beneficios de tener una vida socialmente saludable y rica. Vale la pena.

¿Persuadimos con la mirada o con los gestos?

Un estudio muy revelador llevado a cabo por un grupo de investigación de la Universidad de Tecnología Eindhoven, de los Países Bajos, profundizó en los elementos no verbales que más influyen a la hora de persuadir a las personas.

Se investigó si un robot que implementa dos estrategias persuasivas ejerce realmente un nivel de persuasión mayor que otro que implementa solo una. Las dos estrategias persuasivas elegidas fueron las que habitualmente se consideran las más efectivas: la mirada y los gestos. Y ambas estrategias se estudiaron de forma independiente y de forma combinada.

En el estudio se emplearon robot narradores que contaban a una muestra de cuarenta y ocho participantes una historia persuasiva clásica sobre las consecuencias de mentir. Los robots fueron programados para relatar la historia usando o no usando gestos y estableciendo o no estableciendo contacto visual.

A continuación se pidió a los participantes que evaluaran al personaje de la historia, extrayendo así el equipo de investigación datos específicos para puntuar la capacidad de persuasión del robot.

Los resultados evidenciaron que la capacidad de persuasión de los robots aumentaba cuando se usaba la mirada. En el caso de los gestos, la capacidad de persuasión solo crecía cuando también se establecía contacto visual. Y cuando el robot no hacía uso de la mirada, el uso de los gestos disminuía su capacidad de persuasión.

Esto es muy interesante. Habitualmente se da mucha importancia al lenguaje no verbal a la hora de tener un impacto en otras personas, pero el contacto visual tiende a quedarse en un segundo plano. En este capítulo vamos a darle al contacto visual el papel protagonista que se merece, porque verás que es poderoso.

Contacto visual: Avalado por la ciencia

Son muchas las investigaciones que ya han demostrado que el contacto visual entre personas da lugar a un aumento de las respuestas psicofisiológicas afectivas y relacionadas con la atención. Voy a compartir contigo algunas minidosis de ciencia actual con las que podrás hacerte una idea de lo importante que es trabajar este aspecto que puede parecer más una curiosidad que un eje central del impacto interpersonal: el contacto visual.

Empezaré por la raíz, el porqué de trabajar el contacto visual en un capítulo sobre conexión interpersonal. Lo vas a ver muy claro con esta investigación llevada a cabo por el equipo de la bióloga de la Universidad de Londres Queen Mary, Caroline Di Bernardi Luft.

Los seres humanos hacemos contacto visual para obtener información sobre el estado mental de otras personas, y esto lo hacemos reclutando redes cerebrales dedicadas que procesan información sobre uno mismo y los demás. Este estudio realizado en Londres apoya lo que estudios previos ya habían demostrado: el contacto visual aumenta la sincronización entre dos cerebros. Tal vez te suene a ciencia ficción, pero si la biología es tu fuerte, te recomiendo que leas el informe completo (estará en el apartado final de referencias bibliográficas, con todas las demás menciones).

Lo que demostró este estudio es que la hipótesis del cerebro interactivo va bien encaminada. El contacto visual afecta la sincronización entre cerebros. Cuando nos miramos a los ojos, se produce una conexión real entre nuestros cerebros, una sincronización que es más intensa entre personas previamente conocidas, pero que igualmente se produce entre personas extrañas. La conexión es real.

La investigadora de la Universidad de Tampere, en Finlandia, Helena Kiilavuori, junto con su equipo de investigación, descubrió que el contacto visual provoca reacciones automáticas efectivas y de atención por el simple hecho de que la dirección de la mirada sea mutua y directa entre los ojos de dos personas. Y este efecto es tan poderoso que ni siquiera llega a depender de las intenciones de ninguna de las partes.

Estos investigadores hicieron un experimento con un robot de apariencia similar a la humana para comprobar si estas respuestas corporales tenían lugar igualmente como consecuencia del contacto visual entre seres humanos y el robot. Los resultados reflejaron que, al igual que ocurría en el caso del contacto visual entre humanos, se producía un aumento en la respuesta de conductancia de la piel que indexaba la excitación autónoma (la piel conducía mejor la electricidad debido a la excitación fisiológica), mayores respuestas de los músculos cigomáticos faciales asociadas con el afecto positivo y mayores respuestas de desaceleración del corazón. Y todo esto, mirando a los ojos a un robot.

Posteriormente, otro equipo de investigación indagó nuevamente sobre el contacto visual entre humanos y robots, con el objetivo de optimizar los productos de inteligencia artificial de modo que los usuarios puedan establecer una conexión emocional con ellos.

En esta ocasión se trató de la investigadora Kyveli Kompatsiari junto con su equipo del Instituto Italiano de Tecnología, en Génova. Este equipo analizó las diferencias en el modo en que el humano evaluaba al robot dependiendo de si este entablaba contacto visual o mantenía la mirada en otra dirección.

Los resultados del estudio mostraron que las personas participantes se sintieron más comprometidas con el robot cuando estableció contacto visual. Además, la mayoría atribuyó un mayor grado de semejanza humana en los casos en que el robot establecía contacto visual, en comparación con las valoraciones de quienes no habían recibido ese contacto visual por parte del robot.

El equipo concluyó que el establecimiento de contacto visual por robots humanoides tiene un impacto positivo en la sociabilidad percibida del robot y de la calidad de la interacción.

No sé si te estarás dando cuenta del potencial de lo que te acabo de exponer. Si un robot puede conseguir activar la conexión emocional de una persona solo apuntando con sus ojos en dirección a los suyos, imagínate qué puedes conseguir tú. En el caso del equipo finlandés, incluso realizaron la comparación entre las respuestas producidas cuando el contacto visual se establecía con un robot o con otro humano. Las respuestas psicofisiológicas entre dos humanos eran más intensas que en el caso de la interacción con el robot.

Cuando miras a una persona a los ojos, se activan toda una serie de respuestas corporales que van a ayudarte a conectar con esa persona, a que se implique contigo en mayor medida e incluso a que te perciba como una persona más sociable.

La profesora Farroni, de la Universidad de Londres, en colaboración con otros científicos de su propia universidad y de la Universidad de Padua, en Italia, llevaron a cabo una investigación que también quiero que conozcas.

En su investigación analizaban la actividad cerebral en bebés humanos ante la exposición a miradas en las que alguien establecía contacto visual con ellos de forma directa y miradas donde la otra persona tenía sus ojos visibles, pero puestos en otra dirección.

Los autores de la investigación concluyeron que establecer contacto visual es la forma más poderosa de construir un vínculo comunicativo entre seres humanos. Durante nuestro primer año de vida, los seres humanos aprendemos rápidamente que las miradas y los comportamientos oculares de las personas esconden información muy relevante y significativa.

Este equipo de investigación llevó a cabo dos experimentos dentro del mismo estudio. Y estos experimentos buscaban demostrar la especial sensibilidad que tenemos los humanos al contacto visual desde que nacemos.

El primer experimento puso a prueba la habilidad de bebés de entre dos y cinco días de vida para diferenciar miradas directas de miradas evitativas.

Y en el segundo experimento medían la actividad eléctrica del cerebro en bebés de cuatro meses de vida para evaluar el procesamiento neuronal de las caras cuando estas iban acompañadas de contacto visual directo.

Los resultados del estudio mostraron que, desde el nacimiento, los bebés humanos tienen preferencia por mirar a caras que conectan con ellos en contacto visual directo y mutuo. Y mostraron también los resultados que, desde una edad muy temprana, los bebés sanos procesan neurológicamente el contacto visual de forma intensa.

Por otro lado, un estudio llevado a cabo por la investigadora Alicja Niedzwiecka, de la Universidad de Warsaw (Polonia), confirmó como respuestas provocadas por el contacto visual algunas interesantes como son el aumento de la excitación, la experimentación de emociones positivas o el acercamiento interpersonal. Toda una herramienta cargada de potencial, como ves.

El contacto visual es poderoso. Estimula nuestro cerebro y hace que las personas conectemos de forma más profunda y significativa.

Error común

Hay un error muy habitual que cometemos las personas constantemente a la hora de conectar con otras. A veces cometemos este error de forma inconsciente, y otras veces somos conscientes de ello, pero lo tenemos tan normalizado que le restamos importancia y seguimos haciéndolo.

Y el error es hacer contacto visual con objetos cuando nos estamos relacionando con otra persona. ¿Qué objetos? Pues el más obvio es el smartphone. Estás hablando con otra persona y tienes tu teléfono justo a tu lado encima de la mesa. Entonces cada vez que llega una notificación, ¿qué haces? Miras a la pantalla para ver qué está pasando ahí. Ya solo estas miradas rápidas a la pantalla de tu smartphone hacen que la conexión con esa persona se debilite enormemente. Pero es que la cosa a menudo se pone incluso peor. Al ver una notificación concreta, tomas el teléfono con tu mano y te pones a interactuar con tu teléfono mientras la otra persona continúa la conversación recibiendo la clara señal de que tú ya no estás ahí; que hay cosas que te parecen más interesantes, más importantes, más urgentes que estar ahí con él o con ella.

¿Recuerdas lo que comentábamos sobre el rapport? La tecnología es la trampa por excelencia que nos lleva a romper el rapport y la conexión con la otra persona.

Esto no solo ocurre con los teléfonos. También pasa con cantidad de distracciones cotidianas que ni siquiera son interpretadas como gestos de mala educación. Por ejemplo, la comida.

Si quedas con alguien para comer, una buena parte del tiempo de la conversación la pasarás mirando a tu plato. Cada vez que pinchas la comida, cada vez que cortas un trozo de algo con tu cuchillo, cada vez que das una cucharada... La comida requiere que le dediques una parte considerable de tu atención visual. Y aunque creas que no es para tanto, es una proporción mucho mayor de la necesaria para romper la conexión.

De modo que en interacciones cara a cara, elimina en la medida de lo posible los obstáculos que pueda haber al contacto visual. Deja tu smartphone en el bolso o en el bolsillo... o incluso en el coche si puede ser. Queda para charlar, no para comer, sobre todo cuando se trate de una relación en la que te importe especialmente generar conexión con esa persona. Evidentemente, quítate las gafas de sol. Las gafas de sol son el obstáculo más desatendido por quien las lleva puestas, porque esa persona no es consciente de que lo que la otra persona ve es muy diferente de lo que ve ella misma desde detrás de sus cristales oscuros. Está comprobado que cuando en una interacción una de las dos personas lleva gafas de sol, la otra tiende a querer marcharse y abandonar la conversación mucho antes que cuando interactúa con alguien sin gafas de sol.

¿Y qué ocurre en el medio digital? Por ejemplo, cuando tienes una videoconferencia, ya sea con una persona o con un equipo de personas. Pues el error habitual en las video-conferencias es que no establezcamos contacto visual con nuestro interlocutor. ¿Sabes dónde está tu interlocutor cuando tienes una videollamada? Está justo en la cámara. Y realmente, suele ser el único sitio al que nunca miramos, porque nos sentimos raros mirando a una cámara. Generalmente miramos a algún lugar de la pantalla. A veces miramos a la cara de quien nos está hablando, pero la mayor parte del tiempo (y esto nos ocurre a todos) nos miramos a nosotros mismos en pequeñito, en esa esquina. Porque queremos comprobar cómo nos está viendo la otra persona. Y esto es catastrófico para la conexión interpersonal. Ya de por sí una videollamada hace que establecer la conexión con la otra persona sea un poco más complicado, porque hay mucha tecnología de por medio. No estamos respirando el mismo aire. Pero si aun encima tú te miras a ti mismo para ver cómo te ve el otro y el otro se mira a sí mismo para ver cómo lo ves tú... Conexión interpersonal cero.

En cambio, en el momento en que tú pasas a hablarle a la cámara, es muy complicado para la otra persona mirar a cualquier lugar que no sea a ti. Porque siente que lo estás mirando directamente. Y en realidad, no... No lo estás mirando a él, que está en la pantalla; estás mirando a la cámara. Pero en el cerebro de la otra persona se libera oxitocina cuando siente tu mirada en sus ojos.

Si esa persona te está mirando a ti, evidentemente, no estará mirando a la cámara, de modo que tal vez tu propia liberación de oxitocina no sea tan alta. Pero eso a ti te da igual. Tu objetivo es estimular la liberación de oxitocina en esa persona, porque eso te va a abrir puertas que estarían cerradas de lo contrario.

Ten en cuenta estos pequeños, y no tan pequeños, distractores del contacto visual. Y evítalos todo lo que puedas. Son los enemigos de la conexión interpersonal.

La dirección de la mirada (claves oculares de acceso)

Escoger conscientemente la dirección de tu mirada no te va a aportar mucho en relación con la conexión interpersonal, salvo cuando la dirección de tu mirada son los ojos de la otra persona.

Pero sí te va a resultar útil saber interpretar la dirección de la mirada de la otra persona cuando estáis teniendo una conversación, porque ese pedacito de información te va a dar pistas importantes sobre qué está ocurriendo exactamente en su cabeza.

Estas pautas genéricas sobre cómo interpretar la dirección de la mirada son aplicables a la mayoría de la población, pero no son cien por cien fiables, porque hay personas para quienes no funciona igual. Depende de diferentes aspectos, por ejemplo la lateralidad, es decir, de que esa persona sea diestra o zurda.

Evaluación diagnóstica

Lo aconsejable antes de ponernos a sacar conclusiones sobre en qué está pensando esa persona o qué pasa por su cabeza es que hagamos una evaluación diagnóstica de su patrón de comportamiento visual para aumentar nuestras probabilidades de éxito a la hora de «leer su mente» sin errores.

Ahora te voy a explicar brevemente qué suele significar cada una de las posiciones de la mirada y cómo puedes comprobar si, efectivamente, en esa persona, el patrón coincide. Si cuadra, perfecto, puedes aplicar la teoría general. Si no lo hace, no pasa nada, porque podrás identificar su propio patrón para realizar tus interpretaciones a partir de ese momento.

Según el experto en PNL Tony Robbins, existen seis posiciones principales de la mirada durante el acceso a procesos cognitivos.

Visual recordado

La primera posición es la del visual recordado, arriba a la derecha. Esta clave ocular de acceso es para ver imágenes vistas antes y de la manera en que se vieron antes.

Es probable que mires en esa dirección mientras explicas a alguien cómo eran los disfraces de la cabalgata ganadora en el pasado carnaval de tu pueblo, porque estarás recordando detalles visuales.

Visual construido

La segunda posición es la del visual construido, arriba a la izquierda. Esta clave ocular de acceso es para ver imágenes nunca vistas antes, o verlas diferentes de como se veían.

Probablemente mires en esa dirección cuando trates de imaginar al personaje de la novela que estás escribiendo, antes de describirlo, porque lo que haces es crear, inventar detalles visuales que no son reales. También mirarás en esa dirección cuando respondas a la pregunta de cómo era la película que le dijiste a tu amiga que ibas a ver para no quedar con ella. Nuevamente, estás creando una imagen que realmente no has visto, pues es mentira.

Auditivo recordado

La tercera posición es la del auditivo recordado, en el centro a la derecha. Esta clave ocular de acceso es para recordar sonidos escuchados antes.

Mirarás en esta dirección cuando trates de recordar un poema que solías recitar en la escuela, pues se trata de información auditiva que estás recuperando de tu memoria.

Auditivo construido

La cuarta posición es la del auditivo construido, en el centro a la izquierda. Esta clave ocular de acceso es para escuchar palabras no oídas antes, o no oídas exactamente igual. Para formar nuevos sonidos o nuevas frases.

Es probable que mires en esta dirección cuando compones una canción o te inventas una historia. Si en tu infancia tu madre o tu padre te preguntaban por qué te había castigado la profesora, seguro que mirabas en esa dirección inventando una anécdota que te exoneraba de toda culpa.

Auditivo digital

La quinta posición es la del auditivo digital, abajo a la derecha. Esta clave ocular de acceso es la modalidad que uno emplea cuando habla consigo mismo.

Probablemente mires en esta dirección cuando reflexionas para tomar una decisión, cuando tratas de encontrar una explicación para algo que te ha ocurrido o incluso cuando dudas de tu capacidad para hacer algo. Es la zona del diálogo interno y la reflexión.

Cenestésico

Y la sexta y última posición es la del cenestésico, abajo a la izquierda. Esta clave ocular de acceso es para las emociones, las sensaciones táctiles o las propioceptivas. Por ejemplo, el sentido del tacto o la sensación de movimiento de los músculos.

Mirarás en esta dirección cuando prestes atención al

pinchazo que te ha dado en la espalda al levantar la bolsa de la compra, mientras te sacan una muela, mientras lloras una pérdida... Y lo cierto es que, cuando algo duele, lo mejor que puedes hacer es forzarte a mirar arriba. De este modo, percibirás el dolor de modo menos intenso.

En base a todo esto tendrás información interesante. Si, por ejemplo, la otra persona te está contando algo que le pasó con la mirada puesta en alguno de los puntos «construidos» en lugar de en uno de los «recordados», es posible que te esté mintiendo, pues no parece estar accediendo a información guardada en su cerebro, sino que está creando sobre la marcha.

Por supuesto, recuerda hacer primero la evaluación diagnóstica previa de esa persona en particular para saber que te puedes guiar por las pautas generales. Y esto lo haces formulando preguntas que lleven a esa persona a acceder a los diferentes puntos.

Por ejemplo, si me preguntas qué llevaba puesto ayer para ir al supermercado, yo debería acceder al visual recordado (arriba a la derecha). Si ante esa pregunta de prueba, efectivamente, miro arriba a la derecha, sabrás que mis claves oculares de acceso coinciden con las genéricas y podrás valorar mis comportamientos oculares en base a estas claves.

Tipos de miradas

Vamos a ver los tres tipos de miradas que, según el grupo de investigación Science of People, podremos querer utilizar dependiendo de lo que queremos transmitir al subconsciente de la otra persona, del impacto que queremos tener. Porque ya sabes que el contacto visual es muy importante. Sin embargo, el contacto visual no siempre es igual, y puede transmitir mensajes e impresiones muy diferentes.

Se trata de tres tipos de miradas que utilizamos durante nuestras conversaciones, y que también están presentes en la fase de primera impresión en cualquier interacción.

MIRADA DE PODER

La mirada de poder se compone de un triángulo que va de un ojo al otro ojo y luego a la frente. Es el recorrido que tiende a hacer nuestra mirada en contextos profesionales. Las miradas de este tipo indican que la otra persona nos percibe desde la distancia de una relación puramente profesional.

Cuando tu contacto visual se concentra en la zona de poder de la otra persona, es decir, entre sus ojos y su frente, lo que estás transmitiendo es autoridad. La otra persona tenderá a percibirte como alguien con mayor credibilidad, confianza y poder.

¿Cuándo te conviene utilizar la mirada de poder?

- La vas a utilizar especialmente cuando quieras que la otra persona dé valor a tus palabras y te tome en serio.
- Cuando te interese tener influencia respecto de un grupo o un individuo.

- También cuando debas exponer una presentación, un discurso profesional, una argumentación.

La mirada de poder hace que la otra persona te perciba desde el foco de la inteligencia, la competencia, la capacidad.

Mirada social

En segundo lugar, la mirada social forma también un triángulo, pero invertido. El recorrido va de un ojo al otro ojo y a la boca. En contextos sociales verás este tipo de mirada constantemente, sobre todo en la medida en que vamos ganando confianza con la otra persona. Las miradas hablan, y lo que esta mirada dice es que la otra persona se siente a gusto hablando contigo.

Tal vez te parezca que mirar a la boca de la otra persona pueda ser percibido como algo íntimo o intrusivo. Pero lo cierto es que, salvo que se realice de forma muy exagerada, el subconsciente no lo percibe así. La zona que abarca ojos, nariz y boca se conoce como zona social, porque es precisamente en las relaciones sociales donde suele tener una mayor presencia.

Cuando miras a la otra persona utilizando la mirada social, lo que transmites es accesibilidad. Esa persona te percibe como alguien amigable, cercano, familiar. Es la mirada que transmite calidez y que contribuye a que le caigas bien a quien tienes delante.

¿Cuándo querrás utilizar la mirada social?

- Vas a utilizarla cuando quieras que la otra persona te perciba como alguien colaborativo, y también cuando quieras predisponer a esa persona a colaborar contigo.
- Además, la utilizarás cuando te interese que baje la guardia, que relaje sus barreras y se abra a ti.
- E incluso es una mirada muy potente para construir rapport. Es decir, para conseguir que esa persona sienta que hay buen feeling entre vosotros, que estáis en el mismo equipo, que estáis hechos del mismo material.

Esta mirada es fantástica para generar conexión interpersonal. Sin embargo, a las personas que de forma natural tienden a transmitir más autoridad que accesibilidad, suele costarles un poquito aplicar esta mirada de forma estratégica. Si tú, en la escala del carisma, has visto que tiendes más a la autoridad, probablemente te resulte un poco incómodo aplicar la mirada social para generar conexión. Cuando otras personas la aplican contigo, es diferente, porque quien la percibe es tu subconsciente. Salvo que lo hagan de forma exagerada, por supuesto. Pero cuando eres tú quien la aplica, como estás siendo consciente de ello, puede hacérsete extraño. Aun así, te recomiendo que la pongas a prueba. Escoge las situaciones en que te interese transmitir accesibilidad, tal vez para neutralizar un poco tu autoridad natural en momentos en que te pueda beneficiar, y utiliza la mirada social. Hazlo de forma espontánea y natural. Y verás como te la quedas. Porque realmente tiene un impacto muy interesante.

Y finalmente, la mirada íntima forma un triángulo similar al anterior pero más amplio. El recorrido va de un ojo al otro ojo y al pecho, poco más abajo de la altura de las clavículas.

La mirada íntima denota algún tipo de interés más íntimo, incluso sexual. Instintivamente y de forma inconsciente, cuando nos interesa una persona de forma íntima, escaneamos los rasgos físicos para valorar si se trata de una posible pareja interesante de cara a procrear y conservar la especie. Tal vez estés pensando que tú no haces eso y que dudas que alguien lo haga. Pero lo cierto es que lo hacemos todos los seres humanos... porque estamos programados para ello. Hay determinados rasgos que se relacionan con la fertilidad y que, casualmente, tienden a resultarnos atractivos en las personas.

Al escanear la franja íntima en la otra persona, nuestro subconsciente pone la vista en el lugar donde la liberación hormonal se vuelve más perceptible: el cuello; por la baja densidad de la piel. También en esta zona escaneamos aspectos como la forma de la mandíbula, la longitud del cuello, la simetría de las facciones...

Bien. ¿Qué ocurre con la mirada íntima? Que puede tener un efecto muy negativo en el impacto que tenemos en la otra persona.

Es posible que alguna vez te haya ocurrido que, hablando con alguien, la situación se te hacía incómoda, intrusiva, y no sabías por qué. Esto es algo que ocurre cuando la otra persona está teniendo contacto visual contigo a través de una mirada íntima, pero tú no tienes ningún tipo de interés íntimo en esa persona. Estas incoherencias generan una sensación de incomodidad que estropea por completo el impacto.

Entonces, por precaución, yo te aconsejo que te guardes tus miradas íntimas para cuando detectes la mirada íntima en la otra persona primero (y esto si tienes interés, por supuesto). Lo bueno de esta información es que estos tres tipos de miradas, aunque yo te estoy enseñando a utilizarlas estratégicamente, ocurren de forma instintiva e inconsciente. Es decir, que si la otra persona tiene intenciones íntimas contigo, vas a ver su mirada íntima, incluso aunque él no haya oído hablar jamás de los tipos de miradas.

Así que juegas con ventaja. Porque sabes interpretar antes de apostar. Y cuando apuestes, apostarás prácticamente sobre seguro. Y lo más importante: sabrás cuándo no te conviene jugártela.

Como norma general, yo te recomiendo que evites las miradas íntimas en el contexto profesional.

Y detectar la mirada íntima en otras personas te va a permitir fundamentalmente dos cosas:

- Conocer sus intenciones o, por lo menos, deseos.
- Adaptar tus acciones a esa situación.

Por ejemplo, si estás en una reunión de negocios con otra persona y, de repente, detectas que esa persona entabla un contacto visual íntimo contigo de forma recurrente, tú puedes decidir, en ese momento, aumentar tu nivel de autoridad y rebajar un poco el de accesibilidad. Lo que esto hace es enviarle al subconsciente de la otra persona el mensaje de que tu intención es puramente profesional. Es una forma de poner límites que van directamente al subconsciente.

Entonces, si estás teniendo una conversación con alguien en particular, puedes extraer bastantes pistas del tipo de mirada que utiliza contigo. Si el recorrido es el de la mirada social, es buen indicio, significa que la otra persona percibe que congeniáis muy bien, se siente a gusto. Por otro lado, si ves que la mirada de la otra persona sigue una trayectoria propia de la mirada íntima, es muy probable que su interés vaya más allá de la amistad.

SON MIRADAS UNIVERSALES

Estos tres tipos de miradas son universales. Y lo son porque su base, su fundamento es instintivo. No ocurren así porque nos las hayamos inventado de este modo y no de otro. Ocurren así por una razón.

En la mirada íntima estamos escaneando rasgos que están vinculados a la carga hormonal de la otra persona. Dan información diferente un cuello delicado y un cuello fuerte, por ejemplo. O una piel suave y una piel áspera. Y esa es la razón tras la mirada íntima. Extraer información útil con vistas a procrear.

En la mirada social buscamos conexión cercana. Nos

enfocamos en ojos y labios para poder identificar emociones en la otra persona. Los ojos y los labios son los principales delatadores de emociones, por eso en la mirada social ponemos ahí toda nuestra atención. Porque buscamos empatizar, comprender a la otra persona para conectar con ella. De modo que miramos exactamente a los lugares que nos van a dar la información que necesitamos.

Y en la mirada de poder ocurre lo mismo: que ponemos la vista sobre lo que realmente nos interesa: en este caso, el cerebro de la otra persona. Las conversaciones donde las miradas se centran en la zona de poder tienden a ser más intelectuales, más profesionales, más frías. Y cuando la interacción es fría, no nos interesan ni las emociones ni las hormonas de la otra persona. Nos interesa lo que quiere decir, de modo que nuestros ojos se dirigen al lugar del que vienen esos pensamientos convertidos en palabras.

Y esta es la razón de que los tres tipos de miradas sean universales. Se basan en el comportamiento más primitivo e instintivo del ser humano. Y esto las hace también poderosamente fiables.

Interpretación de la mirada

Ya conoces los tres tipos de miradas. A partir de este momento podrás interpretar la mirada de las personas para saber qué ocurre en su interior cuando interactúan contigo.

Ante una mirada de poder por parte de la persona con quien hablas, ya sabes que te conviene modular tu carisma para que transmita un mayor nivel de autoridad que de accesibilidad.

Ante una mirada social, lo que a ti te conviene de cara a generar conexión con esa persona es subirle el volumen a tu accesibilidad, a tu proximidad. Aun así, mide siempre las intensidades en función del contexto. Si, por ejemplo, se trata de un contexto puramente profesional, y la persona con la que te interesa conectar aplica contigo la mirada social, muéstrale que vas con la guardia baja, que estás abierto a una comunicación más cercana, que estáis en el mismo equipo. Pero no olvides que el contexto es profesional. No te pases de despreocupado ni de amoroso, porque tu impacto sería negativo ya únicamente con el hecho de que no hayas sabido ajustarte al contexto.

En cuanto a la mirada íntima, si la detectas en el contexto profesional, es probable que prefieras compensarla con señales de autoridad. Sin embargo, podrías encontrártela en otros contextos donde tal vez sí tengas interés en responder en ese mismo nivel. En estos casos, el miedo más habitual es la falta de garantías. Los seres humanos tememos más al rechazo que a muchos peligros mucho más reales y con más fundamento. De modo que voy a compartir contigo un pedacito de ciencia extra para aumentar tus probabilidades de acierto.

Los investigadores Stephen Thayer y William Schiff, de la Universidad de Nueva York, llevaron a cabo un estudio que relacionaba ciertos patrones de las miradas con atribuciones de implicación sexual.

En la investigación se examinaron tres dimensiones de

la mirada interpersonal: la duración, la reciprocidad y la composición sexual de la pareja que interactuaba. Lo que se buscaba era determinar el impacto de estas dimensiones en las atribuciones de participación sexual por parte de un tercero, que observaba la interacción. Es decir, el observador debía valorar la carga sexual de esas interacciones.

En el estudio participaron más de ciento setenta estudiantes de psicología del City College of New York, como observadores, y su tarea consistió en calificar dieciséis encuentros breves, previamente grabados en vídeo, en cuanto al grado de participación sexual aparente.

El estudio obtuvo dos resultados especialmente interesantes: El primero fue que las miradas más largas y recíprocas dieron lugar a atribuciones de mayor participación sexual. El segundo fue que las observadoras (mujeres) hicieron apreciaciones más discriminadas en relación con las señales de la mirada que sus compañeros observadores (hombres). En otras palabras:

Por un lado, estamos de acuerdo, tanto mujeres como hombres, en que existe una mayor carga sexual en interacciones donde las miradas se sostienen más tiempo y son mutuas. Y de aquí puedes extraer una clave importante a la hora de identificar intenciones sexuales en la persona con la que interactúas. Si sus miradas hacia ti son sostenidas (y lo siguen siendo cuando tú también sostienes la mirada), tienes un indicio favorable adicional al uso de la mirada íntima.

Por otro lado, las mujeres tienden a tener en cuenta más factores a la hora de asignar un carácter sexual a la interacción que los hombres. Esto significa que los hombres más fácilmente pueden equivocarse a la hora de identificar intenciones sexuales en una interacción, pues no discriminan tanto en función de indicios específicos del comportamiento visual. ¿Moraleja? Si eres hombre, revisa doblemente los indicios antes de sacar conclusiones, pues parece ser que podrías tender a ver intenciones sexuales donde las hay y donde no las hay con mayor frecuencia que las mujeres.

Demasiado contacto visual

¿Es posible pasarse haciendo contacto visual? ¿O cuanto más contacto visual, mejor?

Lo cierto es que sí, es totalmente posible pasarse haciendo contacto visual. Si alguna vez alguien se pasó haciendo contacto visual contigo, muy probablemente te habrá hecho sentir incómodo, con ganas de huir en dirección opuesta.

Pero, entonces, ¿cuánto contacto visual? La investigadora del lenguaje corporal Vanessa Van Edwards recomienda lo siguiente: «Mantén el contacto visual durante el saludo, utilizando el tipo de mirada que mejor responda a tu objetivo, y durante la conversación».

Es muy importante hacer contacto visual en el momento del saludo. Si al saludar no tienes contacto visual, pierdes de golpe tu carisma. Ese momento es sagrado. Saludas y mantienes contacto visual. Da igual si estás conociendo a esa persona por primera vez, da igual si es alguien a quien conoces bien, da igual incluso si es un grupo de personas. Contacto visual siempre. Si es un grupo pequeño, mira a cada persona a los ojos cuando la saludes. Si es un grupo grande, una audiencia, establece contacto visual con varias personas durante el saludo, y luego ve aumentando ese espectro durante tu intervención.

Una vez hayas saludado haciendo contacto visual, asegúrate de que durante los primeros segundos, en tu primera impresión, aplicas la mirada estratégica. ¿Cuál es tu objetivo en esa interacción? ¿Qué te interesa transmitir para alcanzar ese objetivo: autoridad o accesibilidad? ¿Y qué tipo de mirada incorporarás entonces: mirada de poder, mirada social o puede incluso que mirada íntima?

Y una vez superada la fase de la primera impresión, asegúrate de mantener contacto visual frecuente (que no constante ni ininterrumpido). Y hazlo a lo largo de toda la conversación. Si quieres una estimación aproximada, algo así como un 60 o 70 por ciento del tiempo de conversación manteniendo contacto visual suele conseguir una buena conexión sin llegar a pasarse de siniestro.

Ten en cuenta que en una conversación, lo esperable es que tengas que pensar mientras hablas. Y eso te va a obligar a dirigir tu mirada hacia diferentes zonas en función de lo que está ocurriendo en tu cabeza. Por ejemplo, puede pasar que debas recordar algo, y entonces tu mirada se irá hacia arriba a la derecha. Puede que debas pensar de forma creativa y entonces la mirada se desplazará hacia la izquierda. No te tomes esto al pie de la letra. Ya hemos visto que son ejemplos basados en cómo suele funcionar la mirada en relación con el pensamiento, pero hay excepciones. A lo que me refiero es a que tus ojos se moverán para acceder a diferentes zonas cerebrales mientras hablas. Y no pasa nada. No fuerces el contacto visual mientras hablas.

Pero cuando sea la otra persona la que habla, ahí sí dedícale una buena dosis de contacto visual, porque lo contrario se percibiría como desinterés, distracción, falta de foco.

En definitiva. Cuando tú hables, mira a la otra persona, pero permítete pensar libremente y que tus ojos viajen lo que tengan que viajar. Y cuando sea la otra persona la que habla, enfócate en ella y despliega el tipo de mirada que te interesa utilizar con esa persona en ese contexto.

Según las observaciones del experto en lenguaje corporal Joe Navarro, las personas con mayor autoridad, tienden a mantener la mirada tanto cuando escuchan como cuando hablan. Esto en parte se debe a que cuando alguien no está esforzándose demasiado en llamar la atención, suele hablar menos, de modo que sus ojos necesitan viajar mucho menos cuando habla, pues dice lo justo para aportar lo que tiene que aportar.

Cuando te interese especialmente transmitir autoridad, deja tu mirada más tiempo en los ojos de la otra persona. Nunca de forma amenazante, sino procesante. Es posible que pueda llegar a intimidar ligeramente este comportamiento, sobre todo si la otra persona es un poco insegura o está nerviosa. Pero al fin y al cabo, la autoridad frecuentemente intimida, y no suele tener problema con ello.

Mirada predeterminada

Las personas solemos utilizar un tipo de mirada casi de forma predeterminada. Es decir, tendemos a utilizar un tipo de mirada con más frecuencia, y la dicotomía suele ser entre la mirada de poder y la mirada social.

El equipo de investigación Science of People llegó a relacionar que era más habitual identificar miradas de poder en hombres y miradas sociales en mujeres. Y tal vez tenga algo de sentido, pues a las mujeres se nos suele educar para que seamos más sociables, alegres, cercanas. Y a los hombres para que sean más distantes, autoritarios, incluso agresivos. Todo esto tiene base en estereotipos vinculados al género, pero todavía la socialización nos educa de formas diferenciadas. Sin embargo, esto no va a ser siempre así, afortunadamente, pues cada ser humano tiene un carácter innato que no entiende de estereotipos y una personalidad construida donde entran en juego una infinidad de factores más allá del género.

El contacto visual suele moverse por patrones. Y si tú eres una persona con un carisma propenso a la accesibilidad, es muy probable que recurras a miradas sociales con más frecuencia. Incluso cuando das un discurso o te encuentras en una negociación. Si ese es tu caso, probablemente sientas que en situaciones más formales o profesionales no se te tiene tan en cuenta como querrías, tu opinión parece no valer tanto como otras, te piden tu punto de vista con menor frecuencia... En definitiva, no se te valora tanto profesionalmente.

Pero es que ocurre algo simple. Tus señales no verbales están diciendo «seamos amigos, seamos equipo». Y este es un mensaje muy positivo, pero no es igual de valorado en todos los contextos. Y cuando el contexto es muy profesional, formal, eficiente, ese mensaje hace que seas percibido como la persona que no está centrada, o incluso que no es competente para tomar decisiones en esta conversación.

Por otro lado, si tú eres una persona con un carisma propenso a la autoridad, es probable que tu mirada por defecto sea la mirada de poder. Incluso en contextos informales y desenfadados. Y puede que te pase lo opuesto a lo que les ocurre a las personas con carisma accesible. Quieres conectar con las personas, pero percibes que a la gente le cuesta abrirse contigo. Es casi como si se sintieran intimidados en tu presencia.

¿Y por qué sucede esto? Porque estás lanzando señales de alta autoridad, de competencia, de poder, de inaccesibilidad.

Desafío: Diagnóstico visual

Vamos ahora a realizar un ejercicio de diagnóstico visual para aplicar esto, observarlo y comprobar de qué modo tiene presencia en las personas.

Haz uso de tu libreta para autodiagnosticarte a ti mismo y para diagnosticar a personas cercanas a ti a quienes tengas la oportunidad de poder observar en diferentes contactos.

Por ejemplo, pongamos que vas a diagnosticar a tu hermana. En una hoja en blanco de tu libreta escribe, arriba de todo, su nombre (o un nombre en clave, si vive contigo y prefieres que no se encuentre la hoja de diagnóstico y se dé cuenta cuando todavía estás en proceso de observación). Luego dibuja un cuadro con varias filas, una por relación. En la primera línea puedes poner, por ejemplo, «hermano» o «hermana» (es decir, tú). Entonces observas con atención qué tipo de mirada utiliza cuando habla contigo. Lo esperable es que su mirada sea predominantemente social porque tenéis una relación de mucha confianza. Sin embargo, ya sabes que las personas tenemos tendencias naturales hacia la accesibilidad o la autoridad, de modo que podría ocurrir que su mirada contigo fuera de poder, y sería perfectamente normal. Sea como sea, toma nota del tipo de mirada junto a la descripción de la relación.

En la siguiente fila escoges otro tipo de relación, por ejemplo, «jefe». Escogerás esta relación si vas a tener oportunidad de observar a tu hermana interactuando con su jefe. Llegado el momento, prestas atención al tipo de mirada que utiliza con su jefe y marcas la columna correspondiente.

Y repites el ejercicio con los tipos de relaciones que tengas ocasión de observar. Lo interesante es realizar la observación en un rango de relaciones lo más variado posible. Por ejemplo, si todas las relaciones son familiares y ves que su mirada es siempre social, no vas a poder extraer grandes conclusiones, porque todas se realizan en el mismo tipo de relación. En la medida de lo posible, escoge la relación con un familiar, con una amistad, con un compañero de traba-jo, con un superior del trabajo, con un vecino aleatorio, con el cajero del supermercado...

Y tras analizar los patrones visuales en varios tipos de relaciones podrás sacar conclusiones acerca de cuál es su tendencia natural. E incluso puede que obtengas algún pe-dacito de información muy interesante.

Por ejemplo, si identificas que la mirada predominante en una persona es la social, pero con un compañero con-creto su mirada se vuelve claramente de poder, podrías intuir que algo ocurre en esa relación que hace que esa persona ponga distancia. Tal vez no le cae bien, tal vez es alguien a quien quiere impresionar intelectualmente, tal vez es alguien con quien quiere poner límites porque per-cibe que tiende a saltárselos. Y todo esto pasa de forma inconsciente. Es impresionante.

¿Qué ocurre con la mirada íntima, que no la he men-cionado en este ejercicio? Lo que sucede es que no nos va a aportar información útil de cara a identificar la tendencia natural de una persona, porque su presencia en las relacio-nes sociales es mucho más circunstancial. Está más movi-da por una influencia hormonal que por la personalidad o los objetivos reales. Por ejemplo, es habitual ver miradas íntimas en los inicios de una relación de pareja, pero esas miradas se van volviendo más sociales a medida que ma-dura la relación, porque la carga sexual deja de ser el centro del universo en la relación. También es habitual verlas, fu-gazmente, con personas desconocidas. Y no es que la per-sona que la utilice esté buscando nada con la otra. Es que el ser humano está programado para escanear a otros seres humanos con objetivo inconsciente de procreación. Sí puede haber intenciones evidentes cuando la mirada íntima se repite una y otra vez hacia la misma persona a lo largo de una conversación. Pero con un atisbo de mirada íntima no podemos sacar conclusiones.

De modo que si realizas un diagnóstico visual de tu pareja y atisbas una mirada íntima puntual con alguien en particular, no te preocupes, es normal que ocurra. Y probablemente ni siquiera hubo un pensamiento acompañando a esa mirada. Es algo instintivo e inconsciente.

De modo que la mirada íntima la descartamos precisamente por esa razón. El escaneo por conservación de la especie es algo muy frecuente y no es especialmente revelador en lo que se refiere a la detección de tendencias naturales en el carisma de las personas.

Probablemente autodiagnosticarte a ti mismo te resulte un poco más complicado, porque en el momento en que prestas atención a la dirección de tu mirada, esa dirección podría verse condicionada.

Lo ideal es que puedas analizar grabaciones en vídeo en las que salgas tú interactuando de forma espontánea. Pero como es improbable que dispongas de semejante material para analizar, mi sugerencia es que le pidas a alguien cercano que haga la observación por ti. No tienes por qué explicarle el significado de cada tipo de mirada. Simplemente pídele que se fije en a qué lugar sueles mirar más cuando hablas con otros: encima de los ojos o debajo de los ojos.

Contacto visual estratégico

A partir de ahora, ya puedes establecer contacto visual de forma estratégica. Sabes cuál es tu tendencia natural. Y también sabes la relación que existe entre los tipos de miradas y el carisma.

- La mirada social transmite accesibilidad.
- La mirada de poder transmite autoridad.

Pues ya sabes lo suficiente para empezar a tomar decisiones acerca de qué tipo de contacto visual te interesa utilizar en cada situación. No hay un modo correcto o incorrecto de hacerlo. Lo importante es que tengas claro cuál es tu estrategia.

Por ejemplo, tal vez tú decidas que te interesa transmitir accesibilidad cuando conoces al grupo de amigos y amigas de tu pareja. O cuando motivas a tu equipo de trabajo. O cuando un cliente te explica una situación personal para la que necesita una solución. O charlando con otros padres y madres a la puerta del colegio de tu hijo. O durante una reunión creativa con tu equipo. O en la cena de empresa, con esas personas con las que generalmente prefieres transmitir autoridad.

Y tal vez decidas que te interesa transmitir autoridad cuando quieres marcar límites con ese conocido que se toma más confianzas de las que te gustaría. O cuando expones una propuesta ante tu equipo de trabajo. O cuando le explicas un informe a un cliente. O cuando pides un ascenso. O durante una reunión laboral enfocada en la toma de decisiones.

Tú eres quien debe tener claro qué estrategia te interesa aplicar en cada momento.

Puede que estés pensando que esto de tener un impacto estratégico en tus interacciones personales requiere un nivel de esfuerzo muy alto, porque hay que prestar atención a muchas cosas. Nada más lejos. Es sencillísimo. Lo que ocurre es que no estás acostumbrado a hacerlo, y como pasa con todas las herramientas nuevas que nunca has usado, antes de que te resulte fácil usarlas necesitas emplearlas de forma aparatosa unas cuantas veces. Y poco a poco se van automatizando los procesos hasta que la magia ocurre por sí sola.

A la hora de tener un impacto estratégico, la principal decisión que necesitas tomar es: ¿qué tipo de carisma me interesa transmitir en esta situación específica? Y en cuanto tomas esa decisión, haces uso de tus herramientas de impacto enfocadas en generar exactamente ese impacto. Escoges tus palabras para condicionar psicológicamente, seleccionas los colores que van a transmitir el mensaje preciso, estableces contacto visual de un modo determinado...

La analogía fácil: andar en bicicleta. ¿Recuerdas tu primera vez en bici? Seguro que la primera vez tu bicicleta llevaba unas rueditas auxiliares para evitar que te cayeras. Esa es la decisión estratégica que haces antes de encontrarte con las personas. Planificas, decides qué tipo de mirada vas a utilizar, llegas allí y ni siquiera con la planificación sientes que quede natural. Aparatoso. Pero lo sigues haciendo más veces con tus rueditas de apoyo..., con tu planificación previa. Un día llegas al punto en el que piensas: «Esto va solo... Ya no necesito planificar. Llego allí e improviso». Y retiras las rueditas auxiliares. Allá vas con toda tu determinación, ¿y qué pasa? Justo lo que tiene que pasar. Te caes. Y duele. Pero duele más porque creías que ya estabas listo que porque el golpe haya sido para tanto. ¿Y luego? ¿Vuelves a poner las rueditas para no caerte? ¡No, qué va! Te sigues cayendo, pero cada vez menos, y cada vez con más elegancia. Hasta que un día, sin saber cómo, te das cuenta de que llevas semanas pedaleando como si hubieras nacido aprendido. Ese es y debe ser el proceso. Con cada una de estas herramientas.

Lo importante es aplicar, aplicar y seguir aplicando hasta que la aplicación no requiera un esfuerzo, sino que se lleve a cabo de forma automatizada.

Y como ya te comenté al inicio del programa, empieza siempre aplicando en tus zonas seguras y deja las zonas inseguras para cuando tengas ya algo de soltura con el uso de la herramienta. Por ejemplo, es mucho más interesante ahora mismo que ganes soltura identificando el tipo de contacto visual predominante de tus familiares, tus amigos, la gente que te saluda y te pregunta qué tal la familia, en el supermercado. Y que tú, conscientemente, modules tu propio contacto visual con esas personas. Puedes optar por responder con su mismo tipo de mirada, y esto hará que la conexión funcione de forma bastante inmediata. O puedes optar por modificar la señal. Transmitirle autoridad a quien está transmitiéndote accesibilidad o a la inversa. Esto lo harás cuando tengas objetivos concretos que requieran ese cambio. Generar conexión en estos casos será un poco más complicado, porque primero necesitas llevar a esa persona al nuevo terreno, pero no siempre la mirada estratégica busca generar conexión. A veces busca impactar de modo que descoloque a la otra persona o incluso modificar su actitud hacia nosotros.

Imagínate, por ejemplo, que una persona se está tomando ciertas libertades al hablar contigo que te parece que no debería tomarse. Aunque su mirada sea social, la tuya va a ser de poder para cortar esa actitud. ¿Vas a generar conexión con el uso del contacto visual estratégico en este caso? No; más bien vas a cortar la conexión un poco para poder luego conectar del modo en que realmente te interesa.

Recuerda que siempre puedes elegir: conectas al instante reflejando la mirada de la otra persona o pospones la conexión a después del cambio de impacto o conducta que quieras generar.

¿Y si el contacto visual me resulta complicado?

No todas las personas respondemos igual ante el contacto visual, porque hay aspectos de nuestra personalidad (e incluso aspectos médicos) que pueden influir en nuestra relación con las miradas directas.

Si tú eres una persona introvertida, probablemente sientas que a veces te cuesta conectar con otras personas. Es como si las interacciones sociales requirieran poner sobre la mesa un nivel de energía y efusividad que a ti, simplemente, te cuesta.

Pero lo cierto es que aprender a utilizar el contacto visual es importante, incluso para quienes encuentran en él un desafío. El especialista en Trastorno de Espectro Autista Marvin Tolentino afirma que la habilidad para hacer uso del contacto visual sirve a la doble función de obtener información del entorno y dar señales a otros, y que esta habilidad es un prerrequisito para el éxito de las personas a la hora de aprender y desenvolverse en su entorno físico y social. Esta habilidad, afirma Tolentino, es perfectamente trabajable en personas que se encuentran dentro del espectro autista, es decir, en personas con un diagnóstico psicológico que reconoce cierto nivel de dificultad para las interacciones sociales. Si tú cuentas con la ventaja relacional de ser una persona neurotípica (no autista), puedes trabajar tu habilidad para el contacto visual, y tu introversión no te lo va a impedir.

Sin embargo, como es una realidad que esto te resulta difícil, te voy a dar dos buenas noticias.

BUENA NOTICIA NÚMERO UNO: EL CONTACTO VISUAL ES UNA HERRAMIENTA ESPECIALMENTE APROVECHABLE PARA LAS PERSONAS INTROVERTIDAS

El uso de un contacto visual adecuado te va a ayudar a conectar con otras personas sin necesidad de hablar todo el tiempo, ni de hacer bromas, ni de ser animador de fiestas.

Puedes cederle a la otra persona el protagonismo de la parte verbal. Ceder el protagonismo no es lo mismo que ceder el monopolio. Tú debes participar, porque solo así funcionará. Pero puedes dejar que el otro sea quien brille con las palabras. Y mientras él habla, enfócate en tu lenguaje corporal. ¿Te está contando una anécdota con su familia este fin de semana? Mirada social, y sentirá que está hablando con un amigo. ¿Te está explicando su punto de vista profesional sobre el nuevo proyecto en el que vais a trabajar? Mirada de poder, y sentirá que estás recibiendo, procesando y evaluando su perspectiva. Dará mucho más valor a tu atención.

Cuando utilizas el contacto visual más efectivo para tu objetivo, ese contacto visual transmitirá mensajes que serán recibidos y comprendidos por la otra persona. No es un proceso consciente, pero sí que genera la ilusión de que has estado participando más activamente en la conversación, pues has dicho cosas, incluso sin usar las palabras.

BUENA NOTICIA NÚMERO DOS: PUEDES HACER TRAMPA

Un grupo de investigación de la Universidad Edith Cowan, en Australia, realizó un experimento sencillo a través del cual demostró que no es necesario mirar atentamente a los ojos de la otra persona para que esta perciba que estás haciendo contacto visual durante una conversación cara a cara.

Indican los resultados del estudio que es suficiente con

mirar en las zonas próximas a los ojos, como pueden ser la parte alta de la nariz, entre los ojos, las cejas, la frente...

De modo que no te agobies si el contacto visual directo a los ojos te genera ansiedad o incomodidad. Puedes hacer trampa y, salvo que te acerques mucho a la otra persona, no se dará cuenta y conectará contigo exactamente igual que si la hubieras estado mirando directamente a sus pupilas.

La química de la conexión interpersonal

Ya hemos hablado de la oxitocina. La oxitocina es esa hormona que da un impulso químico a nuestras interacciones con otras personas.

Cualquier interacción en la que la oxitocina no está presente, es una interacción fría. Para darle calidez a ese encuentro, es imprescindible la presencia de esta hormona.

Para que veas la relación un poco más clara. Cuanta menos oxitocina, más autoridad, aunque eso solo se cumple si realmente consigues transmitir autoridad con tu comunicación verbal y no verbal. Y cuanta más oxitocina, más accesibilidad, y esto sí suele ocurrir de forma bastante directa.

Un estudio de la Universidad de Kioto (Japón) comprobó que al aumentar artificialmente los niveles de oxitocina en bonobos (una de las especies de simios más próximas al ser humano), estos se volvían más propensos a establecer contacto visual con otros miembros de su especie. La oxitocina los hacía, de algún modo, más sociables y les ayudaba a conectar entre sí.

Pero esta misma relación ocurre igualmente a la inversa. El contacto visual estimula la producción de oxitocina, lo cual nos ayuda a socializar y conectar con las personas.

¿Y cómo estimulamos la generación de oxitocina por parte del cerebro de la otra persona? Pues hay dos formas especialmente efectivas. Una de ellas es el contacto físico, como ya te he explicado al principio del programa con el ejemplo de los bebés recién nacidos que liberan oxitocina en cuanto son colocados sobre el cuerpo de la madre o del padre.

Y la otra forma de estimular la liberación de oxitocina, y que además es una forma menos intrusiva y más casual, es el contacto visual.

Nuestro cerebro descarga oxitocina en los momentos en que nuestra mirada se encuentra directamente con la mirada de otra persona. Y esa oxitocina aumenta cuando la mirada se mantiene. Pero no llegues al punto de las miradas siniestras, porque podrías generar el efecto contrario.

De modo que para garantizar la implicación y la conexión interpersonal en una conversación, solo hacen falta tres elementos: tú, la persona con la que interactúas, y la oxitocina, es decir, el contacto visual.

La oxitocina es la hormona cuya producción se estimula con mayor intensidad cuando generamos conexión con alguien a través del contacto visual. La oxitocina es la hormona de la conexión, por excelencia.

Pero nuestras otras dos hormonas del impacto interpersonal también están presentes de diferente forma en el contacto visual.

Concretamente, la dopamina se libera en el primer choque visual con otra persona, sobre todo en situaciones en las que buscamos a alguien con quien relacionarnos y esa persona, de repente, nos mira lanzándonos el mensaje de «hola, habla conmigo». Por ejemplo, en una fiesta, en un evento de *networking*, en una reunión o una formación donde todavía no conoces a nadie...

Y la dopamina se desata totalmente con el contacto visual entre personas que se atraen. El contacto visual puede utilizarse como sustituto del contacto físico cuando este último todavía no está permitido. Ponte en situación. Seguro que reconoces esa sensación que experimentas cuando la persona que te atrae te mira a los ojos. Pura dopamina. Y generalmente esto va a ocurrir combinado, por supuesto, con la mirada íntima.

Y la otra hormona que estimula el contacto visual es la serotonina. Esta hormona tiende a liberarse cuando la conexión que generamos, ya sea social o de poder, nos hace sentir parte de un mismo equipo. Habitualmente tendrá una mayor presencia cuando el tipo de mirada coincide en las dos personas. Por ejemplo, estás charlando con alguien que te cae bien. Envías mirada social, recibes mirada social. Serotonina. O por ejemplo, estás teniendo una conversación intelectual sobre un tema apasionante (pongamos... sobre ciencia) con alguien a quien le apasiona tanto como a ti. La mirada va a ser de poder, porque ambos entregáis y recibís conocimiento, intercambiáis puntos de vista, debatís. Y esa conexión de autoridad mutua también genera sensación de equipo. Más serotonina.

De hecho, la serotonina es la que nos lleva a sonreír de forma inconsciente cuando compartimos contacto visual con otra persona.

Los investigadores Jari K. Hietanen y Mikko Peltola, de la Universidad de Tampere, en Finlandia, estudiaron precisamente el fenómeno de la sonrisa precedida por contacto visual. Tal y como comprobaron en su investigación, el contacto visual a menudo provoca una respuesta sonriente.

En su estudio, se utilizó a una muestra de participantes que, para la prueba, llevaban gafas con cristales transparentes o con cristales oscuros que impedían que la otra persona viera sus ojos. Lo que hallaron fue que las respuestas sonrientes eran más habituales al ver la mirada directa de la otra persona a través de cristales transparentes que a través de cristales oscuros. De hecho, este mismo efecto ocurría a la inversa: los participantes que llevaban gafas con cristales transparentes sonreían más ante el contacto visual que aquellos con cristales oscuros.

La conciencia de enviar una mirada directa a otra persona juega un papel también a la hora de que se produzca una respuesta sonriente.

De modo que especialmente la oxitocina, pero también la dopamina y la serotonina están haciendo su magia química en la aplicación de esta herramienta de impacto.

Desafío: Aplicación de miradas

Quiero proponerte que busques oportunidades para poner en acción los tres tipos de miradas: la mirada de poder, la mirada social y la mirada íntima.

Escoge a las personas y las situaciones con quienes quieres aplicarlas, y hazlo. Hazlo muchas veces de forma consciente hasta que la elección de mirada sea una cuestión rápida y espontánea que no requiera reflexión ni esfuerzo.

Y este desafío es el más sencillo y a la vez el más importante. Requiere que tomes la decisión de practicar constantemente. Y eso depende solo de ti. Estoy segura de que lo harás de forma comprometida y entusiasta. Quieres llegar a dominar tu impacto en otras personas, y este es el modo de conseguirlo.

7

SUSCITACIÓN DE INTERÉS: ¿CÓMO CAPTAS LA ATENCIÓN?

En este último capítulo vamos a trabajar en torno a la generación de interés en otras personas.

Se trata de un elemento fundamental a la hora de tener un determinado impacto en otros y estoy segura de que te va a resultar divertido este entrenamiento en particular. Eso sí, di «hasta luego» a tu zona de confort, porque te voy a proponer que pruebes cosas nuevas. Y solo probándolas vas a conseguir ver resultados. Vamos allá.

Negativo o positivo

El profesor de la Universidad de Ulster, Michel F. McTear, es uno de los referentes en el estudio de los iniciadores de conversación, es decir, esas técnicas que utilizamos las personas cuando tenemos el deseo de interactuar con otras. Los primeros movimientos que realizamos para dar comienzo a una interacción. McTear centró sus estudios en la infancia, concretamente en el contexto educativo. Pero lo cierto es que estos iniciadores son igual de importantes en la vida adulta y, de hecho, se van volviendo, a medida que ganamos experiencia social, más y más sofisticados.

No cometas el error de desaprovechar tus iniciadores. No lances lo primero que te venga a la mente. ¿Sabes cuáles son los iniciadores más habituales? Las quejas. Y esto condiciona a las otras personas de forma extremadamente negativa.

Si lo primero que dices al llegar es negativo, estás echando piedras sobre tu propio tejado. Imagínalo y seguro que te suena.

- Hola. Llego tarde. Uff, cómo me costó aparcar hoy.
- Ay, esta noche dormí fatal.
- Traigo un dolor de espalda...
- Ay, calla, no me hables, llevo un día horrible.
- A mitad de camino va y se pone a llover. ¡Uff..., vaya día!
- Bueno, por fin me siento. Llevo toda la mañana estresada.

¿Qué? ¿Te suenan esta clase de comentarios? Parece que son nuestros favoritos. Nos pasamos la vida quejándonos. En cambio, la cosa no va a mejorar si las palabras que escogemos son esas.

Durante unos años tuve una compañera de trabajo en la universidad que, cada mañana, me saludaba con una expresión facial compungida y un lamento. Y no se podría decir que fuese una persona con una vida llena de calamidades. Era una persona corriente, como tú y como yo, con sus problemillas corrientes (algo de insomnio, algún dolor en las cervicales de tantas horas frente al ordenador, algún periodo del año especialmente estresante...).

Pues sus saludos eran siempre un lanzamiento verbal y corporal de desgracias. Y yo observaba cómo, a medida que iba saludando a la gente en la facultad, esas personas iban adoptando su actitud en mayor o menor medida. La expresión facial se contagiaba, y la conversación se convertía, a veces, en una sucesión de confirmaciones de la desgracia en cuestión:

Profe A: Hola, ¿qué tal?

Profe B: Fatal, acabo de llegar en el autobús y me cogió la lluvia. Ahora estoy empapada.

Profe A: ¡Ay, pobre! Es que justo se puso a llover ahora. Últimamente no hay quien entienda este clima.

Profe B: Es horrible. Sales de casa con cien capas de ropa para poder adaptarte al tiempo e igualmente llegas sudando por tanta ropa o sudando por la montaña de capas que llevas colgada del brazo porque te las fuiste sacando.

Profe A: A ver si llega de una vez el verano, que por lo menos no llueve.

Profe B: Uff, yo no sé qué prefiero. Los veranos últimamente son insufribles.

Profe A: Pues también tienes razón. El verano pasado se murió la madre de mi vecina, que era muy mayor. Pero fue en los días calurosos aquellos que hubo a finales de julio, y fue por un golpe de calor.

[...]

Y otras veces, el saludo-lamento se convertía en una competición de «a ver quién es más desgraciado de los dos»:

Profe A: Hola, ¿qué tal?

Profe B: Estoy cansadísima. Esta noche no dormí nada. Toda la noche con los ojos como platos.

Profe A: Bueno, por lo menos pudiste estar en la cama. Yo me acosté a las dos de la mañana después de estar corrigiendo exámenes. Y cuando me metí en la cama, me tuve que volver a levantar por un malestar estomacal que empecé a notar de repente. Pasé toda la noche levantándome al baño cada poco tiempo.

Profe B: Eso me pasó a mí la noche de mi cumpleaños. Me fui con Daniel a cenar a un restaurante y algo me debió sentar mal, que no me pude acostar en toda la noche. ¡Qué suplicio!

[...]

Seguro que alguna vez te ha coincidido presenciar una conversación de este tipo, donde dos personas compiten para ver cuál de las dos tiene la desgracia más grande. ¿No te parece absurdo? Lo es. Porque le estás lanzando un mensaje a tu subconsciente que dice: «Tienes que estar de mal humor, la vida es horrible» y otro mensaje al subconsciente de la otra persona que dice: «Mírame, soy una desgracia humana». Y para más inri, la otra persona y tú acabáis la conversación con la sensación de haber estado en guerra para nada.

No cometas estos errores. En lugar de llegar junto a otra persona con uno de esos iniciadores negativos, haz el esfuerzo por transmitir sensaciones positivas utilizando palabras que la condicionen psicológicamente para que se sienta bien en tu presencia. Por ejemplo:

- Buenos días. Ya es viernes. ¿Quién tiene planes?
- ¡Hola! Me alegro de verte.
- Qué maravilla el canto de los pájaros en la entrada. Se nota que llega la primavera.
- ¡Hola! ¿Habéis probado los canapés de salmón del bufet? Están demasiado buenos, yo me he comido cuatro.

Presta atención a esto cuando vayas a iniciar una conversación en persona, cuando llames por teléfono, cuando escribas un email. Inicia de forma positiva. Vas a recibir esa positividad de vuelta. No cabe duda de ello, porque la estás sembrando. Esto es algo importante, tenlo presente.

El papel del lenguaje corporal a la hora de captar la atención y transmitir tu estilo carismático

Cuando tu objetivo es impactar positivamente en la otra persona, el lenguaje corporal es una variable vital, pues tu cuerpo habla mucho más alto que tu voz. De hecho, cuando tus palabras y tus gestos transmiten mensajes opuestos, el subconsciente de la otra persona tiene clarísimo a quién cree, y siempre es al cuerpo.

Vamos a hacer un repaso rápido por las diferentes partes del cuerpo, para tener una panorámica general de qué mensaje estás transmitiendo dependiendo del modo en que las muevas, toques, posiciones...

Joe Navarro fue, durante décadas, agente especial de contrainteligencia del FBI en Estados Unidos y trabajó como supervisor especialista en comunicación no verbal. A raíz de su investigación y su experiencia, publicó diversos manuales del lenguaje corporal que te recomiendo (te dejaré alguna referencia al final del libro), y aquí tienes, sintetizada, una selección de sus conclusiones en cuanto a la psicología del lenguaje corporal.

El lenguaje corporal de la cabeza

Tanto en relación con los adornos que puedas llevar en tu cabeza (sombreros y otros complementos) como en relación con tu cabello, a mayor estructura y sobriedad, mayor autoridad. Si quieres impulsar tu accesibilidad, apuesta por opciones más arriesgadas y espontáneas.

Si te tocas el cabello o te rascas la cabeza, tu autoridad se reduce, pues se trata de un comportamiento tranquilizador, a veces incluso de flirteo, de modo que escoge bien cuándo lo utilizas.

Si asientes con la cabeza mientras la otra persona habla, impulsas tu accesibilidad y haces sentir a la otra persona que estáis juntos en lo que sea que esté planteando. Incluso cuando tu carisma tiende más hacia la autoridad, un toquecito de este gesto nunca viene mal para relajar la barrera de la otra persona.

Si apoyas tu cabeza en los dedos entrelazados detrás de esta, vas a transmitir autoridad, pues se trata de un gesto magnificador. Sin embargo, esa autoridad puede llegar a ser percibida como grosera, de modo que hazlo con precaución y solo en circunstancias muy específicas donde el ambiente sea desenfadado. En la mayor parte de los contextos, es más seguro evitar este gesto.

Aunque no puedas hacer mucho al respecto, las arrugas de la cara también hablan. Las de la frente tienden a transmitir autoridad, porque reflejan una vida de decisiones y estrés. Las de los ojos y los surcos de la boca transmiten más accesibilidad, pues transmiten emotividad.

Una frente sudorosa puede restarle buena parte de su autoridad a la persona más firme, pues indica nerviosismo y tensión, de modo que si quieres evitar que ese detalle debilite tu imagen, evita los encuentros importantes en ambientes demasiado cálidos, para que la sudoración (que no siempre podrás controlar) pueda llegar a pasar desapercibida.

En cuanto a los gestos que implican tocar determinadas partes de la cara (la frente, el entrecejo, el ojo, la nariz, la boca...), cuanta más presencia tengan, más descontrol de uno mismo transmiten, de modo que cuando quieras transmitir autoridad, evita los toqueteos.

Los movimientos de cejas indican reacción emocional (generalmente sorpresa, pero también miedo), con lo que te hacen más humano, más accesible. En cambio, si la elevación de las cejas se produce con la barbilla apuntando al cuello, como si estuvieses mirando por encima de una gafas, es un gesto que transmite más autoridad, pues implica que están emitiendo un juicio sobre lo que la otra persona ha dicho o hecho.

Algo similar suscita el gesto de apuntar con la barbilla hacia delante, inclinando la cabeza ligeramente hacia atrás. Es un gesto común cuando una persona está valorando lo que tiene delante de forma crítica. Transmite cierta agresividad implícita, así que no querrás recurrir a él si tu objetivo es conectar y ser accesible.

También transmitimos juicio y evaluación cuando nos tocamos la barbilla con los dedos. Y este es un gesto de autoridad. Sin embargo, en este caso no existe carga de agresividad, sino únicamente de reflexión, con lo que es un gesto compatible con ambos estilos carismáticos aunque tienda en mayor medida hacia la competencia que a la accesibilidad.

En cuanto a los ojos, la dilatación y contracción de las

pupilas es un gesto totalmente involuntario, pero que podemos utilizar para interpretar la reacción interna de la otra persona a lo que ocurre. Generalmente, la dilatación de las pupilas indica atracción y la contracción de las pupilas indica aversión o rechazo.

Los temblores en la cara son indicio de estrés o nerviosismo. Esto va a perjudicar tanto a tu autoridad como a tu accesibilidad. No siempre podrás hacer nada al respecto pero, como norma general, tratar de estar tranquilo es una buena decisión. Todo tu lenguaje corporal será más natural y agradable.

Ya hemos hablado largo y tendido acerca del contacto visual, así que repasa el capítulo dedicado a la conexión interpersonal si necesitas refrescar esta cuestión. Recuerda que la mirada es una herramienta poderosa.

Los movimientos de ojos o párpados son indicativos de que algo anda mal o algo nos emociona demasiado. Tal vez estás nervioso, estás procesando una información que te desestabiliza, estás conteniendo tus ganas de saltar de la emoción... Cuantos más movimientos (y esto se aplica a todo el cuerpo, en realidad), menor autoridad y mayor accesibilidad.

En relación con el maquillaje, cuanto más llamativo, mayor accesibilidad transmite. Una persona maquillada, puede transmitir mucha autoridad, pero solo si ese maquillaje es natural, sin exceso de intensidad ni de color..., y mucho menos de brillos.

En cuanto a los labios, morderlos o humedecerlos con la lengua indica tensión (nerviosismo, estrés, tensión sexual...). Ten cuidado con el uso de este gesto, puede ser interpretado de formas que no siempre son apropiadas o deseables en todas las situaciones.

Los movimientos que implican apretar los labios, torcerlos o fruncirlos suelen llevar consigo una contención emocional. Tendemos a realizar este tipo de movimientos cuando experimentamos una emoción que no queremos dejar salir. No necesariamente nos van a aportar mayor autoridad o accesibilidad, pero es cierto que las personas cercanas y accesibles tienden a ser más espontáneas con sus movimientos y las personas más inaccesibles suelen ser menos obvias. Podrías ver a una persona que transmite mucha autoridad apretando ligeramente los labios, pero no es tan probable que la veas retorciéndolos o frunciéndolos.

Las sonrisas son para todo el mundo. Sin embargo, las personas accesibles suelen mostrar más sus emociones, con lo que es probable que las veas sonreír con mayor frecuencia, e incluso de forma más sonora y efusiva. Aun así, cuando una persona transmite una autoridad contundente, las sonrisas son tremendamente poderosas, pues generan un impacto que impulsa la producción de dopamina en la otra persona. Es el efecto que causa sentir la proximidad repentina de lo que percibías como inalcanzable. ¿Imaginas el momento en que tu amor platónico del instituto, de repente, te sonreía? Pues eso es lo que ocurre cuando combinamos sonrisas y autoridad: explosión hormonal. Pero, como imaginarás, esto solo funciona cuando no se abusa de ello.

Por otro lado, la sonrisa torcida o asimétrica es una historia totalmente distinta. Se trata del gesto por excelencia del desprecio. Yo te diría que lo ideal es que no recurras a este gesto en ningún contexto en el que quieras tener un impacto positivo pues, autoridad y accesibilidad aparte, la sensación que transmite es desagradable, así que no podría contribuir a que tu impacto te beneficie de ningún modo.

En cuanto al cuello, cuando nos lo tocamos (o cuando nos tocamos el hueco supraesternal, entre las clavículas), transmitimos que buscamos calmarnos, relajarnos, apaciguarnos. Se trata de gestos que, aun siendo muy frecuentes en las personas, no transmiten el mensaje de forma tan contundente como otros, salvo que sepamos su significado. Sin embargo, como ya te he comentado previamente, toda conducta táctil contigo mismo va a bajar un poco tu autoridad y te va a mostrar de forma más cercana y accesible. Y aquí incluimos el contacto con la propia piel, pero también el contacto con elementos varios, como la corbata, el collar, el cuello de la camisa...

El lenguaje corporal de los brazos

Los movimientos de hombros (elevar ambos hombros, elevar uno, encogerlos en un movimiento rápido...) suelen indicar inseguridades o dudas y, en determinadas circunstancias, incluso suele ser un acto reflejo para liberar la tensión tras haber dicho una mentira o haber ocultado información. Son gestos que, al igual que los relativos a tocarse los hombros, restan autoridad. A nivel de accesibilidad, transmiten una mayor espontaneidad y dinamismo, pero tampoco son emisores de un mensaje positivo, sino dudoso.

Sumergir la cabeza entre los hombros tampoco transmite nada positivo, pues es un movimiento propio de alguien que está sintiendo miedo o vergüenza.

Los abrazos son el lenguaje extremo de la accesibilidad. Independientemente de que una persona, queriendo transmitir autoridad, pueda hacer uso del abrazo en un momento dado para relajar barreras, los abrazos son el «colmo» de lo accesible. Directamente, estamos dando acceso a la otra persona a nuestro torso. Es el detonante más intenso de oxitocina.

Mover los brazos con gestos amplios indica que te sientes cómodo en tu propio cuerpo, pero también que eres muy expresivo y puede que emocional. Es algo que va a beneficiar a tu accesibilidad, aunque te reste algo de autoridad. Esto ocurre con los movimientos de brazos y también con las gesticulaciones al hablar. Cuanto más baile de brazos y manos, mayor accesibilidad. Si te pasas con los movimientos, esa soltura que transmites puede llegar a convertirse en nerviosismo, de modo que hazlo siempre natural, sin exageraciones.

Cuando mantienes tus brazos tras la espalda, estás adoptando una postura de majestuosidad propia de la realeza. Es una postura de autoridad y, claramente, desde esa posición no estás invitando a nadie al acercamiento, con lo que tu accesibilidad desde ahí se vuelve inexistente. Esta postura pone distancia y, al mantener las manos ocultas, transmite el mensaje «no tenemos confianza».

Esa ausencia de confianza está presente también cuando te cruzas de brazos, pero en este caso se trata de un gesto que denota incomodidad. Aunque a menudo las personas, queriendo transmitir autoridad, se cruzan de brazos, esta barrera suele ser más un indicio de una debilidad momentánea (esa persona no se siente segura) que de superioridad. A veces es indicio de desagrado o aversión ante algo que se acaba de decir. Sea como sea, no es una buena postura corporal para tener un impacto positivo en las personas.

En cuanto al aspecto de tus manos, siempre te beneficiará que sea cuidado. Sin embargo, si quieres transmitir accesibilidad, lo aceptable es más flexible. Por ejemplo, puedes llevar las uñas pintadas de colores llamativos y vestir joyas (pulseras, anillos). Si la imagen que quieres transmitir es de autoridad, cuanto más sobrias y naturales, mejor. Si te gusta pintarte las uñas, un tono natural será perfecto.

El uso de nuestras manos para tocar a otras personas podrá ser mayor cuanto más accesibles nos queramos mostrar. Si la imagen que queremos dar es de competencia y autoridad, es aceptable un breve toque en el hombro o la parte superior de la espalda, pero todo lo que implique una mayor intimidad, sumará accesibilidad y restará autoridad.

Si te interesa transmitir accesibilidad es especialmente importante mantener las palmas de las manos a la vista, pues este detalle relaja al subconsciente de la otra persona, le dice que eres alguien en quien puede confiar. Siempre te beneficiará que la otra persona pueda ver a menudo las palmas de tus manos, pero para la accesibilidad es un factor vital.

Todo movimiento que implique apretujar o retorcer las manos o los dedos indica nerviosismo. No pasará nada si muestras una conducta más nerviosa si quieres conectar con la persona que se ha presentado a la misma prueba que tú y esperáis los resultados, pero no será un buen gesto para transmitirle a alguien que eres competente o profesionalmente confiable.

Las manos temblorosas o sudorosas destruyen la autoridad (y tampoco te ayudan a impactar positivamente desde la accesibilidad), pues realzan tu debilidad y nerviosismo. Y esto mismo ocurre con el nada deseable gesto de morderse las uñas. Es normal que te sientas nervioso en determinadas situaciones pero si, por ejemplo, debes saludar con un apretón en un momento de inseguridad, asegúrate de tener un pañuelo en el bolsillo para, discretamente, secar la humedad de las manos, y pon atención a la firmeza del apretón para que sea contundente y vigoroso. Un apretón con las manos calientes es siempre más agradable que uno con las manos frías, y transmite que estás a gusto, que nada te perturba. Si puedes calentar las manos en los bolsillos (no mientras hablas con alguien, pues daría mala impresión) unos segundos antes de encontrarte con esa persona, será un añadido positivo a tu impacto.

Alzar el puño mientras hablas es un gesto que transmite agresividad. Sin embargo, esa agresividad puede ser percibida de forma positiva cuando se trata de un mensaje de lucha conjunta por un objetivo común. Por ejemplo, si eres un líder político y utilizas el gesto en una presentación a potenciales votantes mientras declaras que «vamos a mejorar los servicios a la infancia, porque los niños deben ser la prioridad», será un gesto bien recibido, pues transmite contundencia. Es un gesto accesible cuando la lucha es común, y es autoritario desde un enfoque negativo cuando se utiliza de forma amenazante hacia la otra persona. Mi consejo es que no lo utilices de este modo si buscas tener un impacto positivo.

Los toquecitos, chasquidos y movimientos de dedos, al igual que el crujido de nudillos, transmiten nerviosismo. Estos gestos no van a beneficiar al hecho de que tengas un impacto poderoso.

EL LENGUAJE CORPORAL DEL TRONCO

Una de las observaciones corporales que podemos hacer en la zona del tronco es la de la intensidad y velocidad de la respiración. Si te interesa transmitir autoridad, tu respiración deberá lanzar el mensaje de que estás tranquilo y nada te preocupa. Cuando tu respiración se acelera, estás diciendo que estás experimentando emociones intensas, y eso alza tu accesibilidad. Por ejemplo, si das una explicación en tu contexto profesional rigurosa y de forma entusiasta, combinas maravillosamente autoridad (el rigor) y accesibilidad (la pasión). Y eso, querido lector, se llama carisma impactante.

Los movimientos de aproximación o alejamiento del

tronco durante una conversación acompañan al nivel de interés. Si estás hablando con alguien y, en un momento dado, inclina su tronco hacia delante, eso que has dicho le ha interesado. Si se aleja hacia atrás, algo le ha provocado rechazo o aburrimiento.

La postura corporal, tanto de pie como sentado, es importante a la hora de transmitir tu carisma personal. Si quieres transmitir autoridad, jamás te muestres encorvado, sentado de formas extrañas o en movimiento compulsivo, pues todo eso te resta credibilidad, te resta madurez. Si quieres transmitir accesibilidad, y siempre dependiendo del contexto concreto, puedes dejar que tu postura corporal fluya de forma más espontánea y desenfadada.

El lenguaje corporal de las piernas

Mucho de lo que hemos dicho en relación con los brazos se aplica también a las piernas (los movimientos, los cruces...). Pero además las piernas son unas grandes comunicadoras de intenciones. Concretamente, nuestros pies tienden a apuntar en la dirección en la que nos queremos mover. Estás aguantando el discurso de un comercial cuyo producto no te interesa pero que no parece dispuesto a dejarte ir, y tus pies apuntan en cualquier dirección salvo al vendedor. Presta atención a tus pies a partir de ahora y verás con qué frecuencia te delatan.

Si, tanto de pie como sentado, separas las piernas cómodamente, esta postura lanza un mensaje territorial. «Estoy aquí, y me siento muy cómodo en mi espacio». Este mensaje es compatible con un impacto basado en la autoridad y con uno basado en la accesibilidad, dependiendo de qué otros comportamientos lo acompañen. Pero ten en cuenta que puede ser percibido como un gesto grosero y maleducado, de modo que escoge bien cuándo utilizarlo.

La forma de caminar también tiene un impacto poderosísimo. Y este comportamiento será modulado en función del mensaje específico que queramos transmitir. Caminarás de forma notablemente distinta si quieres pasar desapercibido, si quieres destacar por tu vigorosidad, si quieres seducir, si quieres calmar ansiedades, si quieres levantar barreras...

El lenguaje paraverbal

Podemos destacar dos elementos a la hora de modular nuestro estilo de carisma a través del lenguaje paraverbal: el tono y la velocidad.

En cuanto al tono, cuanto más agudo, mayor accesibilidad, y cuanto más grave, mayor autoridad. Aunque cada persona tiene la voz que tiene, sí podemos entonar nuestra voz de forma más aguda o grave de forma consciente. Presta atención a esto cuando te interese transmitir un tipo de carisma determinado.

La velocidad en el habla suele acelerarse en personas que transmiten accesibilidad, pues hablar rápido denota entusiasmo. La autoridad tiende a no venir con esa carga emocional, y también a no tener prisa por decir muchas cosas en poco tiempo. Las personas que mayor autoridad transmiten, hablan más bien poco, y sin atropellos.

Una última observación que también podemos enmarcar en el lenguaje paraverbal es el uso de ruiditos, chasquidos, risas y coletillas. Las personas que transmiten accesibilidad hacen uso de estos elementos de forma espontánea y abundante. Quienes transmiten autoridad, todo lo contrario.

Este ha sido un repaso muy rápido por algunos de los gestos más relevantes del lenguaje corporal, pero existen muchísimas más puntualizaciones que hacer y gestos y comportamientos que comentar. Esta síntesis te servirá para comenzar a utilizar estratégicamente tu lenguaje corporal y analizar e interpretar el de las personas con quienes interactúas.

En relación con todos estos gestos y movimientos del lenguaje no verbal, es importante que tengas una idea general de qué transmite cada uno y en qué medida van a aportarte accesibilidad o autoridad. Pero recuerda que el carisma requiere de un equilibrio de ambos. Esto significa que, si has percibido, por ejemplo, que tu tendencia natural es a la accesibilidad pero en contextos laborales te interesa impulsar tu autoridad, no debes evitar al cien por cien todo comportamiento accesible, pues sin ellos perderías tu carisma. Presta una mayor atención a la integración de elementos que impulsen tu imagen de competencia, pero equilíbralos con tu tendencia natural a la accesibilidad. No estamos tratando de cambiar quién eres, sino de complementar tu poderosísimo carisma natural con estrategias concretas que te ayuden a influir en el impacto que tienes en las personas.

La química del interés y la atención

¿De qué crees que depende que consigas o no generar interés en otra persona?

- No se trata de ser la persona más llamativa o ruidosa de la sala.
- No se trata de ser el más gracioso o divertido.
- No se trata tampoco de ser el que tiene algo más interesante que contar.

De lo que se trata es de que sepas activar la química cerebral adecuada en la otra persona.

¿Qué hormona te interesa más impulsar en esa interacción en particular?

- Para activar la liberación de dopamina en su cerebro, necesitas ser emocionante o excitante, incluso desafiante.
- Para activar la liberación de oxitocina, necesitas ser reconfortante, accesible.
- Y para activar la liberación de serotonina, necesitas

ser claro. Y esto tal vez te sorprenda. Pero cuando consigues que la otra persona comprenda lo que le quieres decir a la perfección, también consigues que se sienta parte de tu equipo. El sentimiento de pertenencia que generan la complicidad y la comprensión es el perfecto detonante de la serotonina.

De modo que cuando vayas a dirigirte a alguien, ya sea en persona, por teléfono o por algún tipo de mensaje, pregúntate: ¿con qué iniciador positivo puedo arrancar esta conversación? Y no empieces de forma improvisada, sobre todo si se trata de alguien en quien te interesa tener un impacto determinado. Y es que iniciar de forma agradable te va a beneficiar a ti, porque ya sabes que esto afecta al modo en que eres percibido y a la respuesta que recibes de la otra persona. Pero también le va a beneficiar a esa persona, porque la estarás condicionando positivamente. Y eso la llevará a comportarse de forma más optimista y abierta en general después de ese momento.

Así que decide qué química quieres detonar en esa persona y escoge tus palabras para tener exactamente ese efecto en ella.

Empieza con intensidad

El primer paso a la hora de generar interés en otra persona es empezar con intensidad. Y aquí hablamos de utilizar iniciadores estimulantes en las conversaciones. Pero también de presentarnos de forma que no deje a nuestra audiencia o a nuestro interlocutor indiferente. Y también de escoger muy bien los asuntos de nuestros emails para que detonen química en el cerebro del destinatario. Y por supuesto, también hablamos de cuestiones que no son exactamente palabras, pero que tienen una presencia intensa en los primeros momentos de una interacción. ¿Por ejemplo? Pues si vendes productos online, que el empaquetamiento, lo primero que tu cliente va a ver, sea estimulante, atractivo, que desate emociones. El modo en que percibirán el contenido va a ser mucho más positivo que si se trata de una bolsa negra envuelta en cinta adhesiva. Detona esa dopamina en el cerebro de tu cliente, y será tu mejor estrategia de impacto.

Una cuestión interesante acerca de nuestro cerebro es que constantemente busca emparejar los estímulos externos con su propia experiencia. Esto es algo muy básico. Si yo te digo la palabra «mesa», tu cerebro inmediatamente busca en su repositorio la imagen de una mesa y te la muestra. No necesariamente de forma detallada o nítida. Pero es suficiente con que yo diga «mesa» para que tú pienses en una mesa. Y no vas a poder evitarlo fácilmente.

¿Qué ocurre si te digo «no pienses en un mono azul»? Imposible. Ya has pensado en un mono azul. El mono azul está en tu cabeza desde el mismo momento en que yo lo nombro. Y a tu cerebro le da igual la parte en que te decía «no pienses en». Porque para tu cerebro todo es una afirmación.

Pero la cosa se pone más interesante cuando comprendes cómo funciona tu cerebro a nivel emocional. ¿Sabes de qué dependen tus emociones? Pues no dependen de tus circunstancias, como tal vez estés pensando. Tus emociones dependen de tus pensamientos y de tu química. Si tú quieres generar determinadas emociones en una persona, debes empezar por sus pensamientos. Y ya hemos visto que colocar un pensamiento en la cabeza de otra persona es algo tan fácil como... nombrarlo. Sin más.

¿Cómo podemos aprovechar esto a la hora de generar interés? Pues inicia tus conversaciones de modo que detones emociones positivas en la otra persona. Y para esto tienes que utilizar palabras positivas.

Por ejemplo, cuando le preguntas a alguien: «¿A qué te dedicas?», realmente no estás detonando nada positivo. No estás detonando nada. Es simplemente una pregunta típica. Cámbiala por algo como: «¿Tienes un trabajo que te gusta?». Inmediatamente, como lo has nombrado, su cerebro buscará alguna evidencia de algo que le gusta de su trabajo. Incluso aunque no le guste su trabajo, habrás llevado a su cerebro a percibir la parte agradable de su trabajo.

Otro ejemplo. Hay personas que tienen la manía de hacer comentarios del tipo de «tienes mala cara hoy» o «te ves cansado». La excompañera de trabajo de la que te hablé al comienzo de este capítulo era también una experta en esto, pero no es un caso excepcional, no es que la pobre mujer reuniera en tu ser toda la negatividad del mundo. Es que esto es algo socialmente aceptado y normalizado. Sin embargo, absolutamente nada bueno va a desencadenar un comentario de ese tipo. Y si no va a desencadenar nada bueno, no lo hagas. Imagino que no tienes la intención de hundirle la autoestima a esa persona ni de conseguir que se pase el resto del día sintiendo que tiene mala cara. Si realmente te preocupa su salud o quieres interesarte por si se encuentra bien, interésate sin hacer que esa persona se sienta mal.

¿Qué podrías decir en lugar de «tienes mala cara»? Pues algo como: «¡Qué bien! Mañana es sábado. El cuerpo me pide finde de sofá, peli y cargar pilas. ¿Qué tal tu energía?». Realmente todo lo que has dicho es positivo, aunque el significado es «estoy cansada, ¿y tú?». Escoger las palabras es importantísimo. Si esa persona, como ya imaginas, está cansada, en lugar de irse hundida por tu comentario sobre su mala cara, se va a ir muy diferente. Se va a ir con una buena dosis de serotonina que la hará sentir genial. Porque ha sentido que estáis en el mismo equipo. Se ha sentido comprendida. Tú le has dicho varias cosas agradables que su cuerpo también le está pidiendo y se ha quedado con que hay un vínculo entre vosotros. Eso beneficia a esa persona y te beneficia a ti también. Imagínate que, por ejemplo, se lo dices a un cliente. Vas a generar una fidelización espontánea, de calidad... y sin coste.

Efecto Pigmalión

Si te suele interesar la psicología, seguro que ya has oído hablar de esto. Y si es la primera vez que alguien te lo explica, estoy segura de que te va a resultar muy interesante..., porque lo es.

Hablamos del efecto Pigmalión. El efecto Pigmalión es un término que se utiliza en psicología para referirse a un fenómeno específico. Puede que hayas oído hablar de esto con otro nombre, por ejemplo, «profecía autocumplida». Este fenómeno consiste en que las expectativas y las creencias que poseemos sobre una persona influyen directamente en las conductas, el rendimiento y los resultados de esa persona. Y esto ocurre independientemente de que se ejerza de forma positiva como negativa.

En otras palabras, cuando tratas a una persona como si fuera de determinada manera, esa persona va a tender a comportarse como si realmente fuera de esa manera.

Por ejemplo, un estudio llevado a cabo por los investigadores Rosenthal y Jacobson en 1965 va a ilustrar de forma muy gráfica de qué trata esto. Los autores llevaron a cabo un experimento en una escuela primaria pública y les dijeron a los maestros que se podían esperar que ciertos niños tuvieran un nivel de aprendizaje y progreso excepcionales, según los resultados de los estudiantes en la Prueba de Adquisición Inflexiva de Harvard. De hecho, la prueba era ficticia y los niños identificados como «muy inteligentes» fueron elegidos al azar.

Lo que Rosenthal y Jacobson esperaban determinar mediante este experimento era el grado (si lo hubiera) en el que los cambios en las expectativas de los maestros producen cambios en el rendimiento de los estudiantes. Al finalizar, dieron los resultados a los estudiantes y a sus maestros (unos resultados que no eran reales). A una selección aleatoria de ellos se les dijo que su inteligencia era excepcional y que eso se vería reflejado en sus resultados académicos. Y efectivamente, al finalizar el periodo académico, esos alumnos fueron los que obtuvieron los mejores resultados. ¿Por qué? Porque alguien les dijo que eran muy inteligentes, se lo creyeron y se comportaron como si lo fueran. Es casi magia, ¿verdad? Y poderosísimo.

Esto mismo lo puedes aplicar tú con las personas constantemente.

Tú lideras un equipo y ves que un miembro del equipo tiene una personalidad carismática que podría distraer o generar subalianzas en tu equipo. Pues hablas con él y le dices que te alegras mucho de contar con él en el equipo porque has observado que tiene un efecto muy positivo en el equipo y genera unión y buen clima entre todos. Ese empleado se va a sentir orgulloso de ser la clase de persona que describes, e inconscientemente hará todo lo posible por estar a la altura de esa imagen que le acabas de dar de sí mismo. ¿El resultado? Tendrá un efecto muy positivo en el equipo. Generará unión y buen clima entre todos.

Y así, lo puedes aplicar en cualquier contexto realmente. Quieres salir de casa a toda prisa y tu hijo de tres años parece tener todo tipo de intereses menos calzarse rápido. Pues le dices algo como «voy a intentar calzarme tan rápido como tú, pero va a ser muy difícil porque tú eres rapidísimo, pues ya me he fijado». ¿Qué va a ocurrir? Pues ya sabes lo que va a ocurrir. Se va a calzar en la llama, y muy orgulloso de lo rapidísimo que es calzándose. Y a partir de ese día te mostrará orgulloso lo rápido que se calza antes de salir de casa.

El efecto Pigmalión es extremadamente potente, tenlo en cuenta. Porque lo cierto es que las personas lo utilizan constantemente incluso sin conocerlo. Y desafortunadamente, se suele utilizar de un modo negativo más frecuentemente que positivo. Piénsalo... A cada niño al que le repiten que es malo, que se porta fatal, lo están condicionando psicológicamente para que esa sea su realidad, obviamente de forma no intencionada. A cada adolescente al que le repiten una y otra vez que es un desastre, que es desordenado, que es un vago, lo están condicionando psicológicamente para que esa sea su realidad.

Tú sabes cómo funciona el efecto Pigmalión. Utilízalo para tener un impacto positivo. Ten grandes expectativas respecto de las personas y házselo saber..., y obtendrás grandes resultados. Trata a las personas como si ya fueran quienes querrías que llegasen a ser..., y lo serán. Es poderoso y tremendamente efectivo.

Etiquetas

Las etiquetas son las palabras que utilizamos para referirnos a las personas sin utilizar sus nombres. Y esto es algo útil cuando nos dirigimos a personas cuyo nombre no sabemos, o cuando nos referimos a una audiencia donde no tendría sentido nombrar a cada persona, una por una, o incluso cuando queremos generar emociones determinadas.

Seguro que te han puesto infinidad de etiquetas a lo largo de tu vida de forma puntual. A mí, por ejemplo, la frutera me saluda «hola, chuli», la peluquera me saluda «hola, guapa», la charcutera me saluda «hola, cariño», algún alumno me saluda «hola, profe» (aunque generalmente me llaman Sandra), mi hija me saluda «hola, mami». Etiquetas. A mí, personalmente, me gustan solo las dos últimas. Las otras me resultan demasiado cercanas para relaciones en las que no tengo cercanía. Pero porque soy yo así. A otra persona puede que le encante que la saluden llamándola chuli, guapa o cariño personas con quienes no tienen confianza.

Con las etiquetas tenemos que tener cuidado. Porque así como pueden despertar emociones positivas, también pueden generar rechazo. Generalmente, no te equivocarás si evitas las etiquetas controvertidas, las malinterpretables y las demasiado íntimas.

Lo que te interesa es identificar en quién quieres que se convierta esa persona. Y a veces será una apuesta arriesgada. Si tienes una comunidad online, por ejemplo, y quieres generar sensación de cercanía y proximidad, tal vez quieres empezar tus emails con un «hola, familia». Y estarás arriesgando, porque a alguien muy frío se le podría hacer un poco intrusiva esa etiqueta. Pero al fin, si las personas cercanas son las que quieres en tu comunidad, no pasará nada por ahuyentar a alguna persona que no encaja en el perfil de tu público objetivo.

Si tienes un negocio en la industria de la belleza, tal vez sí quieras apostar por un «hola, bellezas» en tus redes sociales. Y tu público objetivo son personas que buscan sentirse exactamente así, de modo que el riesgo no es alto.

Sería un desacierto usar un «hola, bellezas» para iniciar tu conferencia en un congreso de cardiocirugía, porque las probabilidades de que esas personas estén ahí buscando sentirse bellas... son muy bajas.

Escoge muy bien tus etiquetas. Y utilízalas también para condicionar a las personas hacia determinados resultados. Si escribes un email durante una recaudación de fondos para una causa social, por ejemplo, tal vez quieras empezar con algo como «hola, héroes y heroínas». Porque en cuanto alguien es tratado como un héroe, su subconsciente lo impulsa a dar la talla de esa imagen que se formó. No quiere dar muestras de que en realidad no es un héroe. De modo que tal vez su contribución sea modesta, pero es más probable que haya una contribución si lo condicionas para ello.

Si vendes un curso enfocado en transformar jefes en líderes, tus vídeos, tus emails, tus anuncios... se dirigirán a tu público objetivo como «hola, líder». Porque quieres que ya se sienta como un líder. Y en cuanto se siente como un líder, no quiere comportarse como un jefe, porque su subconsciente le dice que es una farsa de líder salvo que realmente se comporte como un líder. De modo que es mucho más probable que quiera tu curso si lo condicionas para ello.

Define tus etiquetas antes de continuar, si es que consideras conveniente tenerlas. Por ejemplo, si tienes un negocio online y envías boletines periódicos o creas contenido en audio o vídeo... te vendría bien una etiqueta, aunque no es imprescindible. Si trabajas en un sector físico y sueles conoces a tus clientes, utiliza su nombre mejor que una etiqueta.

Ya ves que es un detalle muy pequeñito de la comunicación verbal. Sin embargo, tiene un impacto muy potente. Aprovéchalo.

Presentaciones de impacto

Ahora que hemos visto la importancia de escoger bien las etiquetas, vamos a ver cómo hacer una presentación impactante donde, sin duda, haremos uso de ellas. Es decir, vamos a ver cómo presentar a dos personas que no se conocen de modo que ambas se sientan halagadas y, a la vez, interesadas por la otra persona.

Cuando aprendes a hacer presentaciones impactantes, pones sobre la mesa tres beneficios poderosos.

En primer lugar, beneficias a la persona que estás presentando, pues la vas a mostrar de un modo muy interesante y halagador.

En segundo lugar, beneficias a la persona o grupo que recibe la presentación, pues le vas a entregar exactamente la esencia de la otra persona que más significativa le va a resultar.

Y en tercer lugar, te beneficias tú, porque toda la positividad que vas a plasmar en la persona presentada se va a ver asociada, inconscientemente, a tu propia persona. Esto ocurre siempre. Aquello que dices de otros, se te impregna como si lo hubieses dicho sobre ti.

Por esta razón, jamás hables mal de nadie. Porque sea lo que sea que digas, va a quedar asociado a ti. Cuando le dices a alguien: «Carmen es muy envidiosa», automáticamente el mensaje que recibe el subconsciente de la persona que tienes delante es que tú eres muy envidioso o envidiosa. De modo que siempre que vayas a hablar de otra persona, cosas buenas. Única y exclusivamente.

Entonces, ¿cómo hacemos una presentación impactante? Pues la estructura es sencilla. Dices su nombre y das una pincelada de algo muy específico que la vaya a dejar extremadamente bien. No te limites simplemente a dar el nombre, que es lo que hace la mayoría de la gente. «Ana, te presento a Pablo. Pablo, te presento a Ana». Hay gente que va un pasito más allá, pero sigue quedándose muy lejos de hacer algo impactante. «María, este es Eduardo, mi cuñado. Eduardo, ella es María, trabaja conmigo». Esto no aporta absolutamente nada interesante, nada que vaya a captar la atención de nadie, pues se trata de información muy neutra.

De modo que volvemos a nuestra sencillísima estructura de una presentación impactante: Primero dices su nombre, y luego das una pincelada de algo muy específico que la vaya a dejar en muy buen lugar. No dejas extremadamente bien a tu cuñado diciendo que es tu cuñado, ¿no? Escoge una cualidad sorprendente, un talento único, un tema de experticia... Lo que sea, pero que sea inesperado.

Se trata de dar un punto fuerte de esa persona. Pero no vamos a dar un halago obvio, porque eso ni es inesperado, ni sorprende a nadie. Al contrario, genera incomodidad.

Por ejemplo, imagínate que presentas a tu sobrino, que es un chico guapísimo, de este modo: «Lucía, te presento a Denis. Denis es guapísimo». Raro, no..., rarísimo el comentario. No hagas eso. Lo que es obvio no se menciona, aunque sea algo muy positivo. Porque incomoda más de lo que halaga. Da algo inesperado. Da un detalle que sea auténtico, sincero, pero que no sea lo más evidente en esa persona. Y sobre todo... que sea algo que esa persona no podría decir de sí misma. Tú puedes decirlo y la vas a dejar genial. Si lo dijera ella, quedaría inapropiado. Por ejemplo: «Ella es Nerea, es la mejor profesora de danza clásica de la provincia». Detalle maravilloso, y es realmente algo que ella no podría decir de sí misma.

Lo interesante es tratar de identificar la experticia de la persona a la que vamos a presentar. En el caso de Nerea, su experticia es la enseñanza de la danza clásica. Todo el mundo es un experto en algo. Solo tenemos que encontrar ese algo. Y si ese talento o ese ámbito de experticia no es algo obvio para la persona a la que presentamos, mucho mejor.

Por ejemplo, si tu amigo es el alcalde de la ciudad y se lo presentas a alguien que no lo conoce, lo esperable sería que dijeras: «Este es José. Es el alcalde de la ciudad». Pues no hagas eso. Di algo inesperado, algo interesante. Por ejemplo: «Este es mi amigo José. Nadie sabe tanto de tipos de quesos como él». Claramente, tu amigo José se va a quedar sorprendido si lo presentas así, y le va a gustar, porque si realmente sabe mucho de tipos de quesos, le encantará que saques el tema y que lo hagas quedar tan bien. En cambio, lo de que es alcalde, a él lo habría dejado indiferente, porque es el modo en que lo presenta todo el mundo. Y a la otra persona se lo vas a poner mucho más fácil con un tema cercano e interesante que marcando la barrera imaginaria de «estás hablando con el alcalde». Luego, si lo consideras conveniente o interesante para la interacción, puedes añadir algo como «bueno, y además de experto en quesos, es el alcalde de la ciudad». Perfecto. Has distendido el ambiente, has presentado una parte personal y sorprendente de tu amigo y has dado tema de conversación.

Practica esto. Practica el identificar esas experticias en las personas. No tienen que ser cosas serias, no tiene que tratarse de su experticia laboral. Busca algo que no sea obvio y que sorprenda.

Y además, si en esa presentación existe el potencial de una colaboración de algún tipo entre esas personas que se van a conocer, condiciónalas psicológicamente para que eso salga bien. Busca el impacto positivo. Y da igual que tú no tengas nada que ganar ahí. Si facilitas que ocurran cosas positivas, siempre vas a salir ganando.

Por ejemplo, si tú sabes que a tu otro amigo, el que está conociendo a José, le vendría bien la mano del alcalde para implantar un proyecto que tiene, condiciona esa interacción para impulsar un poquito la magia. Pero nuevamente, no lo hagas de forma obvia. No quieres generar tensiones ni comprometer a nadie. Solo deja caer la pincelada sin insinuaciones. Por ejemplo: «Y, José, él es Roberto. Es un apasionado de la arquitectura sostenible y sus viviendas eco tienen locas a todas las familias millennial». Maravillosa introducción y generación de curiosidad.

¿Te has fijado? La idea es escoger muy bien la información y las palabras para condicionar positivamente esa presentación. Y todos vais a salir ganando.

Desafío: Identifica la experticia de las personas en tu entorno

Vuelve ahora a tu libreta para realizar un ejercicio muy divertido. Escoge a diez personas de tu entorno e imagina que tienes que presentarlas a alguien que todavía no las conoce. Escribe un par de líneas para cada una siguiendo lo que hemos estado analizando. Por ejemplo: «Esta es Marta. Nadie hipnotiza a los niños como ella en sus clases de meditación infantil. Es mágica».

Te propongo que hagas el ejercicio en relación con diez personas, pero sería fantástico si pudieses realizarlo con un montón de personas conocidas. Piensa que cuando te veas en la situación de tener que presentarlas, vas a tener que improvisar. Cuanto más practiques, mejor improvisarás. Y si coincide que debes presentar a alguien para quien ya has trabajado a conciencia una buena presentación, va a ser brillante. Estruja tu cerebro y disfruta del ejercicio.

¿A qué te dedicas?

¿A qué te dedicas? Es una pregunta de las más recurridas en contextos sociales y profesionales cuando interactuamos con personas por primera vez. Te lo pueden preguntar en un evento de *networking*. Pero también te lo pueden preguntar en una fiesta, por ejemplo, en la boda de un primo, en el cumpleaños de un amigo, en una primera cita, en una conversación espontánea de sala de espera...

¿Y qué respondes? Tu respuesta a esta pregunta puede generar reacciones muy variadas:

- Puede aclarar la duda, sin más.
- Puede aburrir.
- Puede confundir todavía más.
- O puede generar interés, captar la atención y conectarte con la otra persona de forma genuina.

Lo que buscamos cuando respondemos a la pregunta «¿a qué te dedicas?» es, por un lado, dar una explicación y, por otro lado, estimular emocionalmente a la otra persona. Y esto lo vamos a hacer en no más de 15 segundos. Y en no más de tres frases, siguiendo la fórmula para presentaciones de Science of People.

Generalmente nos encontraremos con dos tipos de personas en función de su respuesta:

Las que dan una respuesta básica y aburrida. Por ejemplo: «Soy formador».

Las que dan una respuesta innovadora y original pero

nada clarificadora. Por ejemplo: «Soy un entusiasta impulsor de conocimientos, habilidades y actitudes con potencial de crecimiento». Hum... ¿qué?

Esos son los dos tipos de respuestas más habituales; el primero más que el segundo. Pero tú lo vas a hacer mucho mejor. Y vas a contar a qué te dedicas generando interés, captando la atención y conectando con la otra persona.

Y para esto puedes ser original e innovador, pero tienes que ser claro. La otra persona tiene que comprender a qué te dedicas con tu respuesta. Pues la confusión es el enemigo de la atención y del interés.

Una investigación llevada a cabo por los profesores Insel y Fernald, de la Universidad de Standford, buscaba conocer de qué modo procesa nuestro cerebro la información social. Te voy a dejar el artículo científico en la sección de referencias bibliográficas, por si le quieres echar un vistazo.

El estudio reveló que el cerebro humano necesita partir siempre de la información social más básica para lograr comprender la más compleja. Entonces, a la hora de procesar información sobre una nueva persona, lo primero que necesita son las características de clasificación básicas. Esto no vamos a tener que decírselo porque él mismo va a categorizarnos con etiquetas instintivas como «ser humano», «sexo masculino», «unos cuarenta y cinco años».

Lo siguiente serán datos que permitan clasificar con un poco más de detalle. Por ejemplo, la ocupación o algún dato sociodemográfico. Como podría ser, de dónde eres o a qué te dedicas, o de quién eres hijo.

Y solo cuando ya haya pasado por esos dos niveles previos, estará el cerebro preparado para procesar información sobre nuestras motivaciones, nuestra historia, nuestros valores... Y luego sobre nuestra identidad y nuestros miedos.

De modo que vamos a preparar tu respuesta a la pregunta: «¿A qué te dedicas?» teniendo en cuenta todo esto. Y lo vamos a hacer en tres frases sencillas que componen tu presentación de impacto.

Primera frase: «Soy _____». Sin florituras que empañen el mensaje o dificulten la comprensión. Tienes que poder decirlo en un par de segundos. Ahí vas a decir cuál es tu profesión o tu oficio. Algo que la otra persona pueda comprender a la primera. La única posibilidad de que no lo entienda es que no conozca esa profesión. Por ejemplo, si yo sigo «soy soldadora» y la otra persona no sabe qué es soldar..., pues no me va a entender. Pero eso ya no depende de mí. Mi descripción es simple y clara. ¿Más ejemplos?

- Soy profesor.
- Soy dueña de una librería.
- Soy enfermero.
- Soy coach.

Esta primera frase debería reducirse a una etiqueta lo más simple posible. Al cerebro le encantan las etiquetas porque le ayudan a comprender y clasificar. Y a veces las etiquetas son algo negativo cuando las utilizamos para discriminar, para humillar... Pero lo cierto es que tu cerebro funciona con etiquetas. Ve una mesa y piensa «mesa». Ve a una mujer con un bebé y piensa «madre, hijo». Ve a una persona asiática y tal vez piense «chino». Y es probable que se equivoque, con la mujer y el bebé, con el asiático, y con mil situaciones constantemente. Pero el etiquetado es inconsciente y depende de la cantidad de información que tengamos. Si tú te has pasado un año trabajando en China, tal vez tu etiqueta sea algo como «asiático que claramente no es chino». Cuanta más información tenemos, más acertadas serán nuestras etiquetas. Y cuando alguien te conoce por primera vez, no tiene información sobre ti. De modo que su cerebro te va a poner etiquetas en función de lo que vaya recibiendo. Esto se escapa bastante de tu control, pero no del todo.

Te pregunta «¿A qué te dedicas?» y tú le vas a dar la etiqueta que quieres que te coloque. Y solo le va a valer esa etiqueta si la entiende. De modo que déjalo en algo sencillo y comprensible.

Piénsalo un segundo. ¿Cuál es tu primera frase?

¿Empezamos por mí? Yo tal vez lo dejaría en algo como esto:

«Soy coach».

Segunda frase: «Ayudo a _____». Y aquí puedes decir a quién ayudas y algo más. Por ejemplo, puedes decir cómo lo ayudas, o incorporar un breve elemento de tu historia personal o dar una razón de tu trabajo, pero sin explicaciones larguísimas. Para que te hagas una idea, cuando termines de decir la primera y segunda frase, no pueden haber pasado más de siete u ocho segundos. Te das cuenta de lo breve que debe ser esto, ¿verdad? No queremos dar la sensación que estamos dando un discurso, pero sí queremos llegar a activar la química cerebral de esa persona. Por ejemplo:

«Soy coach. Ayudo a profesionales a tener un impacto poderoso a través de su comunicación y su imagen».

Aquí he mencionado a quién ayudo y cómo lo ayudo. Otro ejemplo:

«Soy coach, y ayudo a personas introvertidas como yo a escoger cómo se sienten y a influir en cómo se sienten los demás».

Y aquí he dicho a quién ayudo y he incorporado un detalle de mi historia que va a hacer que la otra persona conecte conmigo. He dicho «ayudo a personas introvertidas como yo». Te estoy hablando de mí a nivel emocional. La vulnerabilidad genera conexión y eso es algo muy bueno para activar el interés.
Otro ejemplo:

«Soy coach. Trabajo con profesionales que son muy buenos en lo suyo pero que quieren pulir su impacto interpersonal y su influencia».

Y aquí también he dicho a quién ayudo y he mencionado la razón de la persona a la que ayudo.

Ya ves que es trabajo duro esto de responder a qué te dedicas. Pero no te preocupes. En cuanto tengas tu respuesta perfecta, ya estará el trabajo hecho para cada vez que te lo pregunten. Dedica ahora un momento a definir esta segunda frase de tu respuesta. Y recuerda. No más de ocho segundos en total entre la primera y la segunda frase.

Y vamos con la tercera frase. La tercera frase es el porqué, la motivación, tu misión. Y aunque creas que para contar tu misión necesitas, mínimo, tres horas, aquí lo vas a reducir a unos siete segundos más. Recuerda que, en total, tu presentación, tu respuesta a «a qué te dedicas» debería poder decirse en quince segundos. Vas a tener que concentrar muy bien la esencia de tu trabajo.

¿A qué te dedicas?

«Soy coach. Ayudo a profesionales a tener un impacto poderoso a través de su comunicación y su imagen. Trabajo con habilidades y herramientas que no se desarrollan en la escuela y que tienen una influencia enorme en nuestros resultados a nivel personal, social y profesional».

Quince segundos. Ahora te toca a ti. Recupera tu libreta y ve trabajando en las tres frases que conforman tu presentación. Sé que no es una tarea fácil. De hecho, es dificilísima. Requiere que le des vueltas y vueltas hasta que realmente te encante tu respuesta. Pero recuerda que la otra persona no sabe lo que tú sabes. De modo que tienes que responder de forma clara. Y en quince segundos o menos.

Pero no en veinte segundos ni en veinticinco. Quince. Y aunque creas que no, puedes conseguirlo. Así que te dejo puliendo tu autopresentación de impacto.

Lee la reacción de la otra persona

Bien. Tienes tu presentación pulida. Te encanta el resultado y ves que transmites exactamente lo que quieres transmitir. Pero ¿cómo sabes si realmente la persona que te escucha ha recibido un mensaje claro?

El peligro con las presentaciones originales y creativas es que a veces se pasan de originales y creativas. Y cuando esto ocurre, corremos el riesgo de que la otra persona no llegue a entender lo que queremos decir. Cuanto más pintoresca sea tu presentación probablemente menos clara resulte para quien la escuche. Y no queremos eso.

Lo que estamos buscando es tener un impacto poderoso. Y para eso, la emoción que queremos ver en la cara de la otra persona es la sorpresa, no la confusión.

Pero ¿sabes diferenciarlas? Vamos con un par de trucos.

TRUCO 1: LAS CEJAS

Si la otra persona se ha sorprendido, sus cejas se elevarán. Si está confusa, su entrecejo se arrugará de forma más o menos visible.

Truco 2: la velocidad de la reacción

Si la otra persona lo ha entendido, su reacción será natural y fluida. Si está confusa, su reacción será como a cámara lenta, porque su cerebro está tratando de procesar la información que acaba de recibir, y todavía no ha terminado su trabajo.

Truco 3: la cabeza

Si la otra persona afirma con la cabeza mientras tú explicas a qué te dedicas, esto indica complicidad. Te entiende e imagina sin problema en qué consiste lo que le explicas. Si su cabeza se queda inmóvil, tal vez está centrada en procesar lo que ha recibido. En ese caso, aclara un poco más.

De modo que observa muy bien la reacción facial de la otra persona cuando te presentes. Si detectas confusión, explícate mejor. Y luego, en casa, revisa tu presentación. Hay algo que ha dejado a esa persona confusa, de modo que tal vez debas pulir un poquito más las palabras que has elegido. Una forma muy buena de saber exactamente dónde está la parte confusa es dejar que la otra persona sea quien haga las preguntas.

Tú te presentas. La otra persona no lo ve claro. Pues en lugar de seguir explicando inmediatamente, espera. Probablemente te haga una pregunta sobre lo que sea que no le ha quedado claro. Y ahí tienes la información que necesitas.

Y así es como irás mejorando tu presentación. Puede incluso que llegues a tener un par de versiones dependiendo de a quién te estés presentando. Ve trabajándolo hasta que lo tengas a tu gusto.

Desafío final: Graba de nuevo tu presentación

Al principio del libro te propuse un desafío que consistía en grabar en vídeo un hipotético acercamiento tuyo hacia una persona de tu interés en un contexto social como podría ser un evento de *networking*.

Lo que te propongo ahora es que hagas el ejercicio de nuevo. Pero esta vez hazlo aplicando todo lo que has estado aprendiendo y trabajando a lo largo del libro.

Para empezar, identifica cuál es exactamente tu objetivo en relación con esa persona. Y en función de eso, determina cómo te convendría modular tu carisma para tener ese impacto específico. ¿Te conviene transmitir más accesibilidad o autoridad? Esta es la decisión más importante, pues va a condicionar todo lo demás.

Decide cómo te vistes para ese encuentro. Selecciona los colores que lancen a la psique de esa persona el mensaje exacto que le quieres lanzar, y elige prendas que acompañen ese mismo mensaje.

Antes de empezar a hablar, pon toda tu atención en el

iniciador por excelencia: la mirada, y utilízala de forma coherente con tus intenciones.

Escoge las palabras que condicionen psicológicamente a esa persona de forma positiva hacia ti. Y esto hazlo con tu saludo y con tu presentación, desde el primer momento.

Modula tu cuerpo para que transmita el mensaje poderoso que quieres transmitir. Recuerda que tu cuerpo habla mucho más alto que tu voz, y eso es algo que tienes que aprovechar.

Preséntate, con la que has determinado que es la mejor fórmula para transmitir quién eres, a qué te dedicas.

Y extiende en esta ocasión un poco el encuentro hipotético de tu grabación y cuéntale a esa persona un poco de tu historia.

Aproxímate con una estrategia ya definida. Esto es algo que no siempre podrás hacer, pues en la mayoría de los casos tendrás que improvisar tus encuentros sociales. Y precisamente lo más interesante de este entrenamiento de tu impacto es que, cuanto más conscientemente articulas las interacciones más decisivas de tu día a día, mayor soltura vas adquiriendo y más preparado estás para improvisar.

El objetivo es exactamente ese: llegar al punto en que todas tus improvisaciones sociales estén bañadas de las sensaciones e impresiones que impactan positivamente a quien tienes frente a ti. Sin necesidad de preparación previa. Y con práctica e insistencia, lo vas a conseguir.

Tómate este libro como una guía de impacto, y vuelve a él cuando necesites pulir un encuentro determinado. No es necesario que lo releas completo cada vez. Puedes dirigirte al capítulo concreto que necesitas en ese momento y optimizar esa competencia de forma adaptada al contexto en que la vayas a emplear.

Si has ido aplicando todo lo que te he propuesto a lo largo del libro, hoy eres, sin duda, una persona con un impacto interpersonal mucho más consciente y contundente que al principio. Ahora es labor tuya seguir poniendo en práctica y optimizando tus competencias de impacto. Disfruta del proceso y, sobre todo, del poderoso resultado que, seguro, irás observando tú (e irán observando otros) en tus relaciones.

REFERENCIAS BIBLIOGRÁFICAS

Introducción

Goleman, D. (2013). *Liderazgo: El poder de la inteligencia emocional*. Ediciones B.

Joseph, C. y Lakshmi, S. S. (2010). «Social Intelligence: A key to success». *The IUP Journal of Soft Skills*, vol. 4, núm. 3, pp. 15-21.

López Gómez, E. (2016). «En torno al concepto de competencia: Un análisis de fuentes». *Profesorado. Revista de currículum y formación del profesorado*, vol. 20, núm. 1, pp. 311-322.

Robbins, A. (2021). *Poder sin límites: La nueva ciencia del desarrollo personal* (7.ª ed.). Debolsillo.

Capítulo 1

Boyatzis, R. E. (2020). «Social Intelligence». En B. J. Carducci, C. S. Nave, A. Fabio, D. H. Saklofske y C. Stough (eds.), *The Wiley Encyclopedia of Personality and Individual Differences*. <https://www.re searchgate.net/publication/346541559_Social_Intelli gence>.

«Coeficiente intelectual *vs.* inteligencia emocional»: <https://revistavive.com/coeficiente-intelectual-vs.-inteligencia-emocional/>.

«Cuáles son las hormonas de la felicidad y cómo estimularlas»: <https://www.prensalibre.com/vida/salud-y-familia/cuales-son-las-hormonas-de-la-felicidad-y-como-estimularlas/>.

Díaz-Heijtz, R., Mulas, F. y Forssberg, H. (2006). «Alteraciones de los patrones de los marcadores de la dopamina en el trastorno por déficit de atención e hiperactividad». *Revista de Neurología*, 42 (supl.2), s19-s23.

«Difference between IQ, EQ and SQ»: <:https://www.so cialigence.net/blog/difference-between-iq-eq-and-sq-the-social-intelligence-and-why-sq-is-the-future/>.

«Do slumped and upright postures affect stress responses?»: <https://pubmed.ncbi.nlm.nih.gov/25222091/>.

Edwards, D. H. y Kravitz, E. A. (1997). «Serotonin, social status and aggression». *Current Opinion in Neurobiology*, 7 (6), pp. 812-819.

«Efecto Halo (Wikipedia)»: <https://es.wikipedia.org/wiki/Efecto_halo>.

El mundo en tus manos. No es magia, es inteligencia social: <https://amzn.to/3b6Ms1O>.

El poder de la inteligencia social: <https://amzn.to/394 OeOC>.

El poder de las hormonas: <https://amzn.to/2LmfKP3>.

Emociones e inteligencia social (Ignacio Morgado): <https://amzn.to/388nOMp>.

Endorfinas. Las hormonas de la felicidad: <https://amzn.to/38cBhmz>.

Entrenamiento de habilidades comunicativas: <https://amzn.to/3n8hOrr>.

GOLEMAN, D., Boyatzis, R. y McKee, A. (2013). *Primal leadership. Unleashing the power of emotional intelligence.* Harvard Business Review Press.

GÓMEZ, A. L., Restrepo, A. y Gómez, J. (2012). «La hormona oxitocina: neurofisiología de la vida social y emocional del ser humano». *Uni-Pluri/Versidad*, 12 (3), pp. 101-106.

«Hallo effect in the turnover intention of nurses at "x" hospital»: <https://www.researchgate.net/publication/346370754_Hallo_Effect_in_the_Turnover_Intention_of_Nurses_at_Hospital_X>.

HSIANG LIAO, C. (2021). «The Matthew effect and the halo effect in research funding». *Journal of Informetrics*, 15 (1), 101108.

«How does body language impact student achievement?»: <https://www.kirstenskaboodle.com/how-does-body-language-impact-student-achievement/>.

Inteligencia emocional en la empresa: <https://amzn.to/3nc44fd>.

«Inteligencia emocional *vs.* intelectual. ¿Es más importante el coeficiente emocional que el intelectual?»: <https://www.aden.org/business-magazine/inteligencia-emocional-empresa/>.

Inteligencia emosocial: <https://amzn.to/2KPmEwH>.

Inteligencia social (Daniel Goleman): https://amzn.to/3pJzZ8o

JOSEPH, C. y Lakshmi, S. S. (2010). «Social Intelligence: A key to success». *The UP Journal of Soft Skills*, vol. 4, n.º 3, pp. 15-21: <https://www.researchgate.net/publication/228196635_Social_Intelligence_a_Key_to_Success>.

JUDICIBUS, D. (2015). «The definition of intelligence». *Cognitive Science a Multidisciplinary Journal*, 16 (2), pp. 107-132.

MLADENOVIC, I. (2015). «Cooperation, a sense of justice, and neuroenhacement». *Theoria Beograd*, 58 (1), pp. 69-82.

NICOLAU, J. L., Mellinas, J. P. y Martín-Fuentes, E. (2020). «The halo effect: A longitudinal approach». *Annals of Tourism Research*, 83, 102938.

ROESSLER, J. y Gloor, P. (2021). «Measuring happiness increases happiness». *Journal of Computational Social Science*, 4 (4), pp. 123-146.

SALMAN, M., Tingas, A. y Yentis, S. M. (2018). «How do trainee doctors introduce themselves to patients?». *Postgraduate Medical Journal*, 94, 1114.

«Social intelligence and the biology of leadership»: <https://hbr.org/2008/09/social-intelligence-and-the-biology-of-leadership>.

«Social intelligence, study habits and academic achievements of college students»: <https://core.ac.uk/down load/pdf/234675009.pdf>.

Stein, M. B. y Andrews, A. M. (2015). «Serotonin states and social anxiety». *JAMA Psychiatry*, 72 (8), pp. 845-847.

Tereshchenko, S. y Smolnikova, M. V. (2019). «Oxitocin es a hormone of trust and emotional attachment; the influence on behavior of children and adolescents». *S.S. Korsakov Journal of Neurology and Psychiatry*, 119 (12), pp. 108-113.

Van Doorn, J. (2015). «Halo Effect». *Wiley Encyclopedia of Management*, 9, <https://doi.org/10.1002/978111878 5317.weom090124>.

Capítulo 2

Cuddy, A., Kohut, M. y Neffinger, J. (2013). «Connect, then lead». *Harvard Business Review*, julio-agosto.

Goleman, D., Boyatzis, R. y McKee, A. (2013). *Primal leadership. Unleashing the power of emotional intelligence.* Harvard Business Review Press.

Laso, E. y Guerra, M. A. (2020). «La doma del carisma. Revisión histórica de las teorías psicosociales del carisma político». *Estudios Políticos, novena época*, 51, pp. 217-247.

Maxwell, J. (2011). *Los 5 niveles de liderazgo: Demostrados pasos para maximizar su potencial.* Grand Central Publications.

Capítulo 3

HELLER, E. (2019). *Psicología del color. Cómo actúan los colores sobre los sentimientos y la razón*. Barcelona, Gustavo Gili.

MAYA, Annie, experta en asesoramiento de imagen: <https://anniemaya.com/>.

Capítulo 4

HSU, N. y Schütt, Z. (2012). *Psychology of Priming*. Nueva York, Nova SciencePublishers, Inc.

LOIZOU, G. y Karageorghis, C. I. (2014). «Effects of psychological priming, video, and music on anaerobic exercise performance». *Scandinavian Journal of Medicina & Sports*. <https://doi.org/10.1111/sms.12391>.

WANSINK, B. (2006). *Mindless eating*. Bantam Books. <http://www.brianwansink.com/uploads/6/0/2/8/60286459/mindless_eating_chapter_6_name_game_-_brian_wansink__2006_.pdf>.

Capítulo 5

PACHUCKI, C., Grohs, R. y Scholl-Grissemann, U. S. (2021). «No story without a storyteller: The impact of the storyteller as a narrative element in online destination marketing». *Journal of Travel Research*. Doi: 10.1177/00472875211046052.

Pradas Gallardo, C. (2021). «Área de Broca y Wernicke: diferencias y funciones». *Psicología Online.* Consultado en: <https://www.psicologia-online.com/area-de-broca-y-wernicke-diferencias-y-funciones-4110.html>.

Sfakianaki, E., Adam, V. y Dimitrios, M. (2021). «Storytelling effects on customer experience». *Ninth International Conference on Contemporary Marketing Issues,* septiembre.

Tascón, M. y Volcán, P. (2021). *Presentaciones de impacto.* Barcelona, Larousse.

Zare, L., Shahmari, M., Dashti, S., Jafarizadeh, R. y Nasiri, E. (2021). «Comparison of the effect of teaching Bundle Branch Block of electrocardiogram through storytelling and lecture on learning and satisfaction of nursing students: A quasi-experimental study». *Nurse Education in Practice,* 56, 103216.

Capítulo 6

Brooks, J., Kano, F., Sato, Y., Yeow, H., Morimura, N., Nagasaka, M., Kikusui, T. y Yamamoto, S. (2021). «Divergent effects of oxytocin on eye contact in bonobos and chimpanzees». *Psychoneuroendocrinology,* 125, doi: 10.1016/j.psyneuen.2020.105119.

Di Bernardi, C., Zioga, I., Giannopoulos, A., Di Bona, G., Civilini, A., Latora, V. y Mareschal, I. (2021). *Social synchronisation of brain activity by eye-contact.* Doi: 10.21203/rs.3.rs-654192/v1.

Farroni, T., Csibra, G., Simion, F. y Johnson, M. H. (2002). «Eye contact detection in humans from birth». *PNAS*, 99, 14, pp. 9602-9605.

Ham, J., Cuijpers, R. H. y Cabibihan, J. J. (2015). «Combining robotic persuasive strategies: The persuasive power of a storytelling robot that uses gazing and gestures». *International Journal of Social Robotics*, 7, pp. 479-487.

Hietanen, J. K. y Peltola, M. (2021). «The eye contact smile: The effects of sending and receiving a direct gaze». *Visual cognition*, 29 (7), doi: 10.1080/13506285. 2021.1915904.

Kiilavuori, H., Sariola, V., Peltola, M. y Hietanen, J. (2021). «Making eye contact with a robot: Psychophysiological responses to eye contact with a human and with a humanoid robot». *Biological Psychology*, 158, <doi: 10.1016/j.biopsycho.2020.107989>.

Kompatsiari, K., Ciardo, F., Tikhanoff, V., Metta, G. y Wykowska, A. (2021). «It's in the eyes: The engaging role of eye contact in HRI». *International Journal of Social Robotics*, 13, pp. 525-535, doi: 10.1007/s12369-019-00565-4.

Niedzwiecka, A. (2020). «Look me in the eyes: Mechanisms underlying the eye contact effect». *Child Development Perspectives*, 14 (2), doi: 10.1111/cdep.12361.

Rogers, S. L., Guidetti, O., Speelman, C., Longmuir y M., Phillips, R. (2019). «Contact is in the eye of the beholder: The eye contact illusion». *Perception*, 48 (3), <https://doi.org/10.1177/0301006619827486>.

Rullan Pou, J. (2017). *Interacciones extraordinarias: 6*

claves para crear conexión interpersonal. Activital: <https://activital.es/conexion-interpersonal/>.

THAYER, S. y Schiff, W. (2010). «Gazing patterns and attribution of sexual involvement». *The Journal of Social Psychology,* 101, <https://doi.org/10.1080/00224545.19 77.9924014>.

TOLENTINO, M. N. (2020). *Eye contact skill: Importance and evidences.* <https://www.researchgate.net/publi cation/343635371_EYE_CONTACT_SKILL_Impor tance_and_Evidences>.

Capítulo 7

CRUM, A. J. y Langer, E. J. (2007). «Exercise and the Placebo Effect». *Psychological Science,* 18 (2), pp. 165-171.

INSEL, T. R. y Fernald, R. (2004). «How the Brain Processes Social Information: Searching for the Social Brain». *Annual Review of Neuroscience,* 27, pp. 697-722.

McTEAR, M. F. (1985). «Developing conversation in young children». *Child Language Teaching and Therapy,* 1 (2), pp. 162-171.

NAVARRO, J. (2019). *Diccionario de lenguaje no verbal. Una guía del comportamiento humano.* Málaga, Sirio.

NAVARRO, J. y Karlins, M. (2008). *What every body is saying. An ex-FBI agent's guide to speed-reading people.* Nueva York, Morrow.

ROSENTHAL, R. y Jacobson, L. (1968). «Pygmalion in the classroom». *The Urban Review,* 3, pp. 16-20.